# 恋爱指南

## 人间清醒

扎南 著

中国妇女出版社

版权所有·侵权必究

**图书在版编目（CIP）数据**

人间清醒恋爱指南 / 扎南著. -- 北京：中国妇女出版社，2023.4
ISBN 978-7-5127-2241-5

Ⅰ.①人… Ⅱ.①扎… Ⅲ.①恋爱心理学-通俗读物 Ⅳ.①C913.1-49

中国版本图书馆CIP数据核字（2022）第258037号

选题策划：紫云文心·何川
责任编辑：李一之
封面设计：末末美书
责任印制：李志国

出版发行：中国妇女出版社
地　　址：北京市东城区史家胡同甲24号　　邮政编码：100010
电　　话：（010）65133160（发行部）　　65133161（邮购）
网　　址：www.womenbooks.cn
邮　　箱：zgfncbs@womenbooks.cn
法律顾问：北京市道可特律师事务所
经　　销：各地新华书店
印　　刷：天津市新科印刷有限公司

开　　本：145mm×210mm　1/32
印　　张：8.25
字　　数：200千字
版　　次：2023年4月第1版　2023年4月第1次印刷
定　　价：52.00元

如有印装错误，请与发行部联系

 **序言 我们为什么需要爱情**

记得我刚毕业的时候，大家对于爱情的态度还是向往的，媒体的言论也很少会主动唱衰爱情。大家在社交媒体上谈及爱情时，更多是羡慕、期待。

但近几年我发现，进入低欲望的不仅仅是社会，还有我们对于爱情的态度。感情上的"躺平""佛系"，反而成了一种潮流。我绝不反对这种态度，但它不应该成为主流。

社交媒体上的秀恩爱会受到冷嘲热讽，为了感情去努力改变自己成了"舔"，礼貌尊重对方成了"讨好"。"性本恶"的言论充斥着整个舆论场，仿佛只要不把对象当成敌人，你就是错误的。极端观点真的太有吸引力了。逻辑简单带来的自洽，易于理解带来的大脑节能，都能让我们省去大量的思辨过程，用一个看似"简单正确"的观念去指导复杂的感情。事实上，到底有多少宣传极端言论的博主真正在践行自己的言论呢？说"单身万岁"的博主，真的是单身吗？他又真的"戒断"感情了吗？似乎少有人关心和考究。

不需要亲密关系、不需要爱情这种言论，作为抱怨吐露出来的时候，是如此简单，论证起来也容易。比如，我身边会有人来问我"对象出轨了怎么办"，网上也总是有很多在婚姻中煎熬的人提问。网友们很轻易地给出建议："分手，下一位……这年代谁还谈恋爱啊？"听起来，真是人间不值得啊！婚姻即苦难，亲密关系即地狱。这就是极端言论带给人的某种"确定性和安全感"，听众很容易从中找到归属感。为关系的不顺利找到一个绝对确定的理由，仿佛可以就此放下他的纠结。

我每天都能接到各种人间疾苦的情感咨询，这些案例比你们想象中的要阴暗很多。按理说，我对人性的绝望，应该比你们大多数人更甚。事实恰恰相反，我明白，人们是遇到了问题才会来找我。有个来访者曾经问我："是不是所有婚姻都如此悲哀？"对于这个问题，我的回答是：找到我的人，婚姻确实很悲哀，但这不能得出"所有婚姻都悲哀"的结论。我是解决问题的人，没有问题的婚姻当然不会来找我。就像那些说出极端言论的情感博主，好的亲密关系也不会去找他，极端言论常常出自"情况恶劣"的人之口。正如你坐在火车里问："今年你抢到票了吗？"你得到的答案一定是"抢到了"。因为没抢到火车票的人基本不会出现在火车上。但你不能因此而断定，今年的火车票不难抢。

我总是认为，人活一辈子，遇到"垃圾人"的概率是极高的。但遇到了垃圾人，并不代表我们身边都是垃圾人。如果因为总是遇到垃圾人，就选择不出门这种因噎废食的处理手段，那我们是不是太便宜了垃圾人？"水泥封心"确实可以避免爱

情带来的伤害，可事情都有双面性，同时你也拒绝了亲密关系带来的愉悦感。

你过得好不好，骗谁都骗不了自己，如果你真能享受孤独，而不是借由孤独标榜自己的独特，那么我非常鼓励你这么干，因为你找到了自己最享受的状态。但如果你只是认同某些人在负面状态下给你植入的观念，并真的去践行，也不管自己是否开心，只管是否"正确"，那么你只是短暂拥有了确定感，而会长久陷入痛苦与迷茫。

你到底需要"正确"还是"开心"？我不想给你灌输"正确的清醒"，我只希望你回到真实生活中，感受来自伴侣的真实需求，倾听自己的真实感受，做自己真正想要做的事情。

网上有很多人只教你掀桌子，只教你表达不满，但没教你怎么收场。如果你把规则定太死，很容易出了事自己尴尬下不来台。你得明白，掀桌子虽然容易，但是收拾场面的人，依然是掀桌子的你，而不是劝你掀桌子的人。

时代思潮变化得太快，原先我只需要解决具体问题，毕竟作为情感咨询师，这就是我最基础的工作，现在却需要先回应新的社会思潮，回应质疑者对亲密关系的沮丧言论。说到这里，我觉得是时候邀请大家跟我一起思考：我们为什么还需要爱情？

之前跟一位朋友喝茶时，她一直跟我"吐槽"，说现在谈恋爱太麻烦了，一点都体会不到爱情的美好，只看到人与人之间的尔虞我诈。这是很多人的共同困惑。所以我把这个问题作为本书的开头，希望你也可以跟我一起思考和探讨。我们为什么需要爱

情？是啊，现在谈恋爱那么麻烦，好像自己一个人反而能够过得更好，为什么还要去维系一段吃力不讨好的关系呢？在心理学上，其实没有爱情这个概念，只有亲密关系这个说法，我们不妨将问题定位成：我们为什么需要亲密关系？

亲密关系存在的最初作用是满足人类的归属需要。人类是社会性动物，不能没有亲密关系，因为亲密关系可以满足我们爱与被爱的最基本需求。这个说法可能过于抽象，我举个例子。

有一个身边不缺男生的女性朋友和我聊天的时候，曾经说过：“你要让我主动去搞定一个男生，这件事情对我而言很简单，我有大把的手段可以去搞定。但是如果你让我去和一个男生发展长期关系，我会觉得很难。”

"聊天、约会，我样样精通。但是一想到我需要在生活中去接纳一个人的缺点，包容对方，我就毫无头绪了。其实我觉得像我这样会'撩'的人根本不厉害，真正厉害的是那些可以一辈子相濡以沫的人。"

这段话我特别有感触，相比我追到我女朋友这件事，更难的是在日常生活中的相处。真的，你会在各种意想不到的地方发现两个人彼此之间的差异。无论是确定关系，还是结婚，都只是万里长征迈出的第一步，真正难的东西，都在后头。

这又回到了最初的提问，既然这么难，为什么还要在一起？都发展短期关系，或者自己一个人不就好了吗？这个问题我还真的可以侧面回答一下，因为我自己实践过。

由于我的职业对于空间和时间的要求并不高，加上我自己

的物欲并不过于强烈，所以我曾暂时过了一段"财务自由"的日子。每天我只需要把该做的咨询做完、该写的文章写完即可，大概只需花 4 小时的时间，而且还是零碎的时间。所以我有大把的时间和精力去做我喜欢做的事情。我把喜欢看的书都看了一遍，把喜欢的博主视频都看了一遍，喜欢的剧都追完，游戏也天天打。我有空就出去吃好吃的，疯狂去满足自己的各种喜好。

这种生活，对我来说真是神仙日子了。刚开始时，我确实很开心，觉得根本不需要亲密关系。是的，作为"情感博主"，我自己不搞对象了。可我最终还是低估了人类对于关系的渴望。物欲得到充分满足后，精神欲望又跑出来作怪了。

在经历了这种"类独居生活"半年后，我发现，看书也好，刷剧也好，做任何自己喜欢的事情也好，我都无法再获得新的满足感和愉悦感。我开始无比渴望与人交流。不一定非得是情侣之间的交流，就是普通朋友的那种交流就行。我想跟朋友坐在一起，吃个小炒，喝点小酒。交流这件事给我带来的愉悦感，远超以上任何消遣娱乐给我带来的快乐。

那么再次回到这个问题，长期关系那么困难，为什么还非要在一起呢？

当我真的去投入、去体验了亲密关系之后，我发现，长期关系中有一种东西是短期伴侣或者是自己一个人时无法提供的，那就是羁绊。你可以理解为是一种精神层面的寄托，它不是单纯的物理层面的陪伴，而是你无论和对方隔得多么远，你都清楚知道这个人和你有关联。你甚至可以大胆地说，有一个人属于你。

就像父母一样，你始终知道对方和你有羁绊。而一段长期关系能够维持下去，靠的正是羁绊。一个人身边如果没有任何人和他有羁绊的话，我觉得很可怕，我也无法想象这是何等的孤独。这个世界有太多人一辈子没有认真想过生命的意义，但这不意味着他从来没有获得答案，只是他的答案一直天然存在，他的父母、爱人、朋友、孩子、宠物、事业，这些都是他与这个世界深刻的羁绊。而我们活在这个世界上的意义，或许就是为了这些羁绊。

我想，这是从宏观的层面上给了大家需要亲密关系的理由。你可以拥有很多羁绊，爱人是其中的重要角色。而亲密关系除了能够给我们带来羁绊以外，还能解答我认为更加重要，也更加终极和个人的问题，即我是谁。翻译成大白话就是，我们可以通过亲密关系，来更加了解自己。

虽然我在亲密关系中受过不少伤害，但是我自己并不恐惧亲密关系。因为我将亲密关系当成了解自己的工具，虽然每段感情中我都体会到不少伤害，但伤害的背后，也让我深刻地意识到更全面、更真实的自己。我在一开始接触心理学的时候，看过大量的心理、情感、婚姻方面的著作，但这些著作给我带来的实际提升，不如我跟女朋友吵一次架，然后沟通，最终和好这个过程的收获更多。

通过这个过程，我学会了沟通的艺术、情绪的感知、如何达成共识等技能。因此，我在这里也真诚地希望，无论你是"母胎单身"，还是谈过但相当于没谈的"恋爱菜鸟"，或者是正在散发恋爱"酸臭味"的热恋中人，抑或是饱受情伤的过来人，都能在读完这本书之后，大胆地投入爱的实践课，共赴这场勇敢者的游戏。

# 目录 CONTENTS

| | |
|---|---|
| **第一部分** 越懂自己，越懂人性，越懂爱情 | 001 |
| **第一章** 你为什么谈不好恋爱 | 002 |
| 　　你喜欢用星座来指导爱情吗 | 005 |
| 　　那些别人贴在我们身上的标签 | 006 |
| 　　我们能用经验来指导爱情吗 | 008 |
| 　　高敏感人格与过度反思 | 012 |
| 　　"恋爱脑"是不是一个问题 | 014 |
| 　　别被"灵魂伴侣"这个概念坑了 | 017 |
| 　　把对象当成爸妈，托付终身 | 018 |
| 　　把对象当成孩子，终身保护 | 022 |

| 第二章 | 那些通过恋爱暴露的个人成长问题 | 025 |

  分清楚哪些是自己的问题，哪些是别人的问题 ............ 027
  痛苦的根源：分不清事实和评价 ............ 030
  "关我屁事"能解决 80% 的亲密烦恼 ............ 035
  以自我为中心者，永远成不了别人的中心 ............ 038

第三章 所以，先做更好的自己吧 ............ 042
  分享三个让我自己变得内心强大的方法 ............ 043
  改变自己：以改变讨好型人格为例 ............ 046
  你的问题就是想得太多，做得太少 ............ 051
  如何让自己在感情中不被情绪左右 ............ 055
  怎么做才算为自己的情绪负责 ............ 058

第二部分 如何找到对的人 ............ 061
第一章 "1＋1＞2"才是对的人 ............ 062
  依靠而非依赖 ............ 063
  伴侣不是"救世主" ............ 067
  伴侣也不需要被拯救 ............ 070

## 第二章　反 PUA 指南 .................................................. 076
警惕逼你"自证清白"的人 .................................. 077
如何避免情感成瘾 .............................................. 079
小心你的保护欲被利用 ...................................... 083

## 第三章　如何挑选适合自己的人 ........................... 086
择偶实践指南 ...................................................... 087
"对我好"只是最基本的 ...................................... 090
一个识人小技巧：看对方讨厌什么 ................... 093
了解一个人是有秘诀的 ...................................... 095
一个判断对方是否尊重你的细节 ....................... 097
谈恋爱是为了结婚？很多人都搞错了 .............. 099
看缺点，而非看优点 .......................................... 101
看一个人的脆弱模式 .......................................... 104
一起打游戏吧 ...................................................... 107
结婚前，建议先经历这三件事 ........................... 110
结婚前，先问这个问题 ...................................... 113

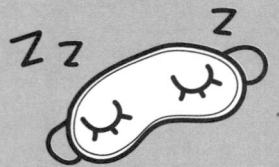

| | | |
|---|---|---|
| 第三部分 | 别把恋爱谈得跟敌我斗争一样 | 117 |
| 第一章 | 关系是两个人互动的结果 | 118 |
| | 挂件状态 VS 挂件状态——假性亲密 | 123 |
| | 挂件状态 VS 主宰状态——相互满足 | 124 |
| | 主宰状态 VS 主宰状态——权力斗争 | 128 |
| 第二章 | "三观不合"太常见了 | 132 |
| | 没有"三观不合",只有不接纳 | 133 |
| | 别让分歧升级成矛盾 | 136 |
| | 有矛盾也别害怕 | 140 |
| 第三章 | 如何应对"三观不合" | 145 |
| | 允许我们不一样 | 146 |
| | 将伴侣当成"外国人" | 149 |
| | 别总想着"解决"对方 | 151 |
| 第四章 | 别指望消灭问题,你能做的是共存 | 154 |
| | 磨合不是为了解决,而是为了理解 | 155 |
| | 规则能让分歧达成共识 | 158 |
| | 只要对方改变了,我们就会好起来吗 | 161 |
| | 处理情感冲突的七个步骤 | 164 |

| 第四部分 | 我觉得我的爱情还能"抢救"一下 | 169 |
| --- | --- | --- |
| 第一章 | 关系修复三部曲之一：停战 | 172 |
| | 忍不住想提分手时，可以这么说 | 173 |
| | 给彼此放个假 | 176 |
| | 独自处理情绪 | 179 |
| | 避免对抗 | 181 |
| | 缓和气氛，恢复对话 | 184 |
| 第二章 | 关系修复三部曲之二：对话 | 188 |
| | 换"维"思考 | 190 |
| | 表达真实感受 | 192 |
| | 如何通过沟通发掘核心问题 | 197 |
| 第三章 | 关系修复三部曲之三：行动 | 200 |
| | 如何找到可执行的解决方案 | 201 |
| | 感情不会一天就变好 | 203 |
| | 二次吸引不是解决方案 | 206 |
| | 论监督的重要性 | 210 |
| | 如何提升感情修复力 | 212 |

**第四章　经典话题：关系逐渐平淡怎么办** ..... 216

新鲜感真是最不新鲜的东西了 ..... 217

永远保留 30% ..... 218

像个孩子一样去玩耍吧 ..... 221

## 第五部分　成年后，我重塑了关于爱的理念 ..... 227

**第一章　爱情不应该是你生活的全部** ..... 228

你每天花多少时间爱一个人 ..... 229

毁掉关系最好的办法就是疯狂投入 ..... 231

不要卑微到尘埃里 ..... 234

**第二章　在爱中，也要终身学习** ..... 237

"双标"前，先找面镜子照照自己 ..... 238

学点儿"读心术" ..... 241

受过伤不是你止步不前的理由 ..... 244

# 第一部分

## 越懂自己,越懂人性,越懂爱情

# 第一章

## 你为什么谈不好恋爱

我以前走过一条弯路。每当我更想了解人性的时候，我会查阅很多书籍、跟很多人聊天、观察很多人，但始终还是不够了解人性。后来，我不看那么多研究人性的书了，也减少跟人聊天。我开始转向研究我自己、了解我自己。神奇的是，当我越来越了解自己的时候，我发现我也越来越了解人性了。

我们从小到大，接触过很多人、了解过很多人，但是大多数人是很陌生的，甚至明明是陪伴自己最久的人，却不了解。而在我的咨询经历中，我也发现，谈不好恋爱、处理不好感情的人，往往都会有一个非常明显的特征：他们都不知道自己真正需要的是什么。这也侧面反映出一个问题，他们"不认识"自己。

我见过无论是学历、收入、长相都很优秀的女生被一个各方面不如她的男生"支配"，所有人都在为她打抱不平、感到可惜，可她自己还时常会担心对方离开自己，总觉得自己吸引不了这个男生。为什么会这样呢？

恋爱本身是一种亲密的社交行为，而从心理学上来说，行为是受我们的观念影响的。比如，同样是伴侣迟到，不同的观

念会让我们处理这件事的方式大不同。对于持有"迟到就是不尊重人"观念的人来说,迟到这件事会唤醒自己不被尊重的感受,很有可能会因此而吵架。而对于持有"迟到这种小事不值一提"观念的人来说,迟到根本不是事,只要人到了就行。

所以你看,不同的观念,就会带来不同的行为结果。而谈不好恋爱的人,大脑里往往存在一些根深蒂固、迂腐极端的非理性观念,比如"爱我就一定会给我花钱""不联系就是不爱了""主动就一定会掉价"等。在这些非理性观念的支持下,就会发生大量不利于关系发展的行为,像"让对方给自己花钱""必须保持高强度、高频率的联系""再喜欢也不会主动"等。

观念的形成来源于我们如何评价自己、如何评价现实世界。而一些非理性观念之所以能在我们的大脑里根深蒂固,是因为我们自己并没有根据客观情况形成坚定的观念,更多是接收了源于他人评价、社交媒体灌输、身边人言传身教的不坚定观念。这些观念由他人强行灌入我们的大脑,虽然经过高频率灌输后会让我们信以为真,但那始终是根基不稳的观念。可没办法呀,谁让我们没有自己的坚定观念呢?非理性观念会让我们看不清自己、认错自己,最终导致在亲密关系中摆不正自己的位置,要么高看对方,要么低看自己。

在后文中,我会谈谈如何更好地认识自己。你越了解自己,你在亲密关系中便会越舒坦。就像航行在大海中的船,你得知道自己处于什么位置,才能离目标越来越近,不然方向反了,只会与目标渐行渐远。而一个能够客观认识自己的人,一定是将内在

评价和外在评价都充分客观参考的人。过度依赖外在评价，容易失去自我、随波逐流；过分依赖内在评价，容易变得过于自我、墨守成规。

后文中我会介绍两种认识自己的方式，但这两种认识自己的方式，单独来看，无论哪一种都会存在风险，即认识的过程不一定能够做到客观、全面，有时候会出现认识偏差，导致错误地认识自己。在生活中，如果认错人的话，顶多就尴尬一下而已。但如果在人生中"认错"自己的话，就会多走很多弯路。

### 你喜欢用星座来指导爱情吗

"你是什么星座呀？"这是很多人在交友时，都会提的一个问题。但是这种提问却逐渐成了一种刻板印象的绑架。

我是处女座，每当别人知道我是处女座时，都会摆出一副震惊的表情，接着就会来问我，你是不是有洁癖？自从流行解读星座以来，处女座似乎已经跟"洁癖、吹毛求疵、完美主义"等标签挂钩了。别人只要一听到我是处女座，哪怕是第一次见面，对我的第一印象都或多或少受到"处女座"三个字的影响。

星座不仅用来定义别人，也被用来定义自己。我在读高中时，经历过一段很粗暴地了解自己的时光，就是通过解读星座，然后代入到自己身上。比如，处女座有洁癖，我自己是处女座，就会认为自己是一个有洁癖的人，并且还会在跟人互动

过程中标榜自己有洁癖，以此来突出自己处女座的特质。

这种属于给自己贴标签，然后再自我"洗脑"的过程。类似于先射箭，再画靶子，已经有了一个先入为主的想法，再去进行归类总结。

准不准呢？只能说，有一定的可参考性，但是不能作为依据。就比如洁癖，正常来说，人处于肮脏、混乱的环境中，都会不舒服，人脑天生就喜欢干净、有序的东西。恰巧处女座有一个洁癖的标签，而我又是处女座，我就会对这类归因有强烈的归属感。

解读星座这种社交方式反映出一个倾向，就是我们正在通过"外部"来认识自己。

## 那些别人贴在我们身上的标签

有一次在做咨询时，我问来访者："你认为自己是什么样的人？"他告诉我："朋友都觉得我是一个大大咧咧的人。"请注意他的回答，是从朋友评价的角度来回应我的问题。在我的提问中，我强调的是"你认为"，就是想知道他如何评价自己，但是他并没有正面回应我，反而用了朋友对他的评价来回应我的提问。

他是故意不回答我这个问题吗？不一定。更多可能是，他一直通过别人来认识自己。在我自己十来岁的时候，还像个小孩一

样,有人夸我,我就会开心,觉得飘飘然,一旦否定我,我就难过,觉得自己是个废物。

很多人在亲密关系中,会容易过度在意伴侣对自己的评价,甚至达到一种不健康的状态,会因为伴侣一句不认可的话就郁闷一整天。这种情况,就是通过别人的评价来认识自己,对自我的认知,更多是源于他人的评价。正如开头所提到的来访者,他对自我的认知是"一个大大咧咧的人"。这个自我认知,并不是因为他自己觉得自己就是一个大大咧咧的人,也不是因为他观察到自己很自然就出现大大咧咧的行为,而是因为周围朋友都在说他是一个大大咧咧的人。

这就是我们认识自己的第一种方式——照镜子式自我认知,依靠外在评价认识自己。

别人的态度、别人的评价、社会给自己贴的标签,这些外部评价就像一面镜子,反映出我们自己的一部分模样。有时候这是平面镜,能反映出真实的自己,但有时候会变成哈哈镜,会反映出扭曲、不真实的自己。

我刚毕业时,也是一个看不清自己的人。那时候刚刚参加工作,想着自己是个新人,基本什么活都接过来干,也不管是不是自己的分内事。和同事相处的过程中,他们就会给我贴一个"热心"的标签。当时听到这个评价,我就像一个溺水的人抓住了绳子一样。

你能想象那种感觉吗?本来我眼里一团迷雾,但是突然有人帮我拨开了这层迷雾,还在我面前放了一块镜子。以前我根本看

不清自己，不知道自己是什么样的人，现在突然有人告诉我，你很热心，然后我就恍然大悟，原来我是个热心的人啊！我压根儿不管这个评价是否真实，我也不去问自己的内心到底是怎么想的，我只知道我要努力去维持这个"热心"的标签，甚至还一度将自己的微信昵称改成了"热心市民"。

溺水的人，根本不会管扔下绳子的是好人还是坏人，只想着抓住那救命的绳子。后来我的标签也越来越多，勤快、努力、听话……可是我也越来越累，因为我需要维持的标签越来越多了，而星座又何尝不是个标签呢？越是透过别人的评价来认识自己，就会过得越累。因为每个人的评价都不一样，我们不可能符合所有人的期望。

## 我们能用经验来指导爱情吗

我爬楼梯步子迈得太大摔了一跤时，我知道了上楼梯要一步一步来，不能走太快；我考试不及格被爸妈骂时，我知道了考试不能低于 60 分，不然会很麻烦；我谈恋爱因为过度付出反而遭人嫌弃时，我知道了对别人不能盲目付出，不然会影响感情。

以上这些"知道"并不是我真的知道了什么，而是我在现实中碰了壁，为了保护自己，总结出了一些避免自己再次受到伤害的经验。经验有时候很管用，比如自从我上楼梯不再一步跨两个

台阶时,我真的没有再摔过跤。但有时候经验也不总是管用,比如我因为害怕在恋爱中过度付出又惨遭嫌弃,直接就不付出了,反而让对方觉得我不用心。

这些经验就像太阳眼镜,它让我免受阳光刺眼,但也让我看不到这个世界的色彩。过度依赖经验的人,就像一直戴着太阳眼镜的人,不仅看不到色彩,天黑了还容易摔跤。

经验就像保护行为,既保护了我,又捆绑着我。举个例子,有一次出门我差点被车撞到,我很害怕,在这种极端恐惧的情绪下,我产生了一个经验:只要我不出门,我就不会被车撞。于是,我就天天躲在家里,也不去上班。这个经验管用吗?一方面,我不出门确实可以最大限度保证自己不会被车撞到,获得了暂时的安全感,但另一方面,这个不出门的"经验",似乎是在用更大的声音告诉你,你出门就一定会被车撞。这就会导致一个结果,我越不出门,越安全,我就越相信不出门就是安全的,导致我彻底不敢出门。

很多人喜欢在感情中参考各种各样的"经验",来源可能是过往的经历、自己的感悟、他人的告诫、社交媒体的带领。而这又反映出另外一个问题:我们太过依赖自己的经验,反而导致故步自封。

有一次在饭馆吃饭的时候,我看到一个小孩子手伸进饭馆的鱼缸里去捞鱼。小孩子的父母看到后,立刻制止了他,并且问他为什么要这么做。小孩子天真地说,小鱼在水里面待太久了,会憋死的,我要救它出来,让它呼吸一下新鲜空气。听到这里,在

座的人都哭笑不得。

　　看着这个场景，我陷入了沉思。在小孩子的眼里，他们所理解的世界，就是他们所看到的世界。小朋友知道自己不能在水里待太久，不然会溺水。所以他认为鱼也是这样，完全不去理会鱼本来就是活在水里这个客观事实。

　　虽说长大后我们变得更加理性，但是进入亲密关系后，一些童年时期的固执视角似乎又释放出来了。

　　我有一位读者，每次跟男生接触的时候，都不喜欢主动，因为在她看来，过于主动会掉价，会让别人觉得自己太好追。在这个观念的支撑下，她的异性缘一直不太好。后来有一次，一个男生实在憋不住，于是对她说："你一直不主动就是有价值吗？不是的，有价值的人是本身就有价值，而不是做什么才有价值，你根本不能理解。"这段话对我这位读者而言，就像突破了次元壁，看到了自己完全感受不到的世界一样。而她之所以会有"主动就掉价"的经验，是因为在之前的恋爱经历当中，自己就是一个主动的人。但是主动换不来爱情，只换来了不被珍惜。于是她就将原因归咎到了主动身上，认为只要主动了自己就会掉价，于是她越喜欢一个人，就越不会主动。

　　但实际上，这并不是主动与否的问题，更核心的问题是，前任对她的不珍惜。就像一百元钱掉到了地上，被很多人踩了，但只要有人看到了，就一定会捡起来。一百元不会因为掉到了地上就因此变成了五十元，它掉到哪里，都值一百元。

　　过度的反思，会将自己的总结当成具有普适性的经验，可经

验终究是主观感受,并不能一直成功指导客观行为的执行。不主动就不掉价,这也许是她过往经历给自己带来的经验,或许这个经验给她带来过一些好处,但是这个经验不一定适用于所有人。把个别表现当成普遍表现,是会吃大亏的。

这就是我们认识自己的第二种方式——反思式自我认知,也就是对自己的内在评价。

你就像一个摄像师,把自己的习惯性行为、遇到挫折时的反应、过往经历的总结、对他人的评价统统录下来,然后定期回顾反思,通过回顾来认识自己到底是一个什么样的人。比如,遇到挫折了,你观察到自己的反应是回避退缩。你开始意识到,你并不是一个可以做到迎难而上的人。而你对自己行为反应的主观解读,会在一定程度上决定你是如何认识自己的。但这种方式并不客观,也不全面。

照镜子式和反思式两种认识自我的方式都有优劣。

外部评价可以从自己看不到的视角来观察自己,但如何区分外部评价的客观程度,是一个需要解决的问题。比如,你加班到很晚,回家后躺在沙发上,伴侣看到了你躺在沙发上的模样,马上说你这个人真懒。那么你能否区分自己是懒,还是想休息呢?从伴侣角度来说,只看到你躺在沙发上,就认为你确实很懒。但是从你的角度来看,如果你是一个懒惰的人,你还会加班到很晚吗?这就是外部评价的局限所在。

而内部评价虽然可以根据自己的真实经历进行经验总结,但是有时难免会在消极情绪的影响下进行过度反思,得出错误经验

总结。如何避免过度反思,也是需要解决的问题。如何突破两种评价之间的局限性,接下来我会详细展开聊聊。

### 高敏感人格与过度反思

我以前觉得自己是一个敏感多疑的人,为此还烦恼过一段时间。我是如何得出这个结论的呢?有一次我复盘自己的经历,发现自己非常敏感,别人的一个否定用词、一次皱眉、一次黑脸,我都会自动归因成是自己做得不够好。

比如,有一次我满头大汗地做了一顿饭,女朋友吃了一口青菜后,突然说:"今天的青菜好咸。"听到这句话,我的第一反应是她在怪我放太多盐了。过了一秒钟后,我又觉得自己这个想法也太"敏感"了吧。

其实,这种"敏感"时刻在亲密关系中很常见。大多数人很容易将别人的感受,当成对自己的指责。

比如,女朋友来"大姨妈"心情不好,这本来是生理反应导致的情绪不稳定,但是我感受到之后,很容易产生一种"她是不是在怪我"的想法。又比如,在吵架时,她的语气稍微重了一些,我就会觉得她是讨厌我才会说这么重语气的话,丝毫不会去思考她只是因为处于争吵状态中,很容易愤怒而已。

适当反思自己,有利于自我成长,有利于关系的优化。但是过度反思自己,反而会导致自己走弯路。过度反思容易在客观的

事实基础上得出错误的经验总结。

比如，我对自己的敏感行为进行了经验总结，认为自己是一个敏感多疑的人。这客观、全面吗？不太够。更客观的说法是，我拥有高敏感人格。它只是一种人格特质而已，人群中有15%～20%的人属于这种人。

高敏感就好比在普通人的感知能力基础上加装了一个显微镜，任何事情、情绪都会被放大到分子级别，所以我对任何事情都异常敏锐，能感知到一般人感知不到的点。也正是因为感知能力太强，好的事情会被放大得更好，而坏的事情也会被放大得更坏，于是就非常容易被环境所影响。

太宰治说过一段话，精准描述了高敏感的特质：

"我想一辈子做个钓鱼人，像个白痴一样生活。"
"你做不到的，你太容易理解鱼的心情。"

高敏感人格并不代表着什么，也不是一种病，就是一种特质罢了。甚至在合适的环境中，高敏感还是一种天赋。

比如，我的高敏感在咨询过程中，简直是"开挂"一般的存在，能够让我高效而精准地识别很多细节和多角度思考问题。这种超强的感知能力，是非高敏感人群需要通过刻意训练才能做到的。

但是如果放到一个不适合的环境中，比如需要强社交的环境中，对于高敏感的人而言，就是灾难了。我高一第一次尝试住校

时，躺在宿舍的床上，就像热锅上的蚂蚁，浑身不自在。后来，当我清楚意识到我的敏感反而是一种天赋时，它就不再是我的负担，我甚至还为之自豪。我的性格特质没有发生任何变化，我还是那个高敏感的人，但是停止过度反思后，一切都变了。

过度反思容易让我们只盯着敏感的坏处；客观反思会让我们既能看到敏感的坏处，也能看到敏感的好处，做到充分又全面地认识自己。

## "恋爱脑"是不是一个问题

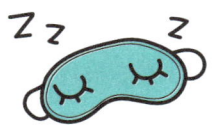

其实我觉得"恋爱脑"本身并没有什么不好的，赤诚、热烈，简直就是小说中的美好爱情人格。可不能否认的是，"恋爱脑"在关系中所带来的影响，也确确实实存在。很多人觉得这种影响不好，就想着去解决掉"恋爱脑"本身。

这就跟认为解决掉提出问题的人就没有问题了一样，治标不治本。我认为有"恋爱脑"没关系，更重要的是如何避免被"恋爱脑"影响自己的心情，影响当前的关系。怎么避免呢？其实道理非常简单，听完这个故事，你就懂了。

我的前同事谈恋爱了，但是有个问题，她这个人一谈起恋爱，满脑子都是对方，天天要聊天，以对方为中心。时间久了男生也吃不消，于是对她说："其实你也可以自己找点事情做。"她一听，虽然心里不舒服，但是觉得自己总是贴着对方也不行。她

也是我的忠实读者之一，于是就来找我，希望我教教她如何摆脱"恋爱脑"。

其实在"恋爱脑"的循环当中，很关键的一环是，对方是自己的大部分乐趣来源。如果能降低这个占比，可以有效缓解"恋爱脑"带来的影响。但是我并没有给她分析"恋爱脑"的逻辑，也没有教她具体做什么。我开始想，有什么事情可以丰富她的乐趣来源。然后我想到了她之前喜欢心理学，也想进入这一行，但是没人带她。

有了！

我就跟她讲，摆脱"恋爱脑"的办法很简单，我到时候教你。不过这一阵子有个任务要给你做。她无精打采地问什么任务，我就说，你不是想进入心理学这一行吗？现在有个机会，我可以教你怎么做。她很兴奋地答应了。因为她自己本身就有点基础，而且也有互联网运营经验，于是我就教她用什么样的逻辑去发布内容。

整个过程她投入了大半个月的时间，然后她问我："对了，你说的教我摆脱'恋爱脑'的办法呢？"我就反问她："你看你最近还有'恋爱脑'的样子吗？"她笑了笑。后来，她再也没有来问过我关于恋爱的问题。其实道理特别简单，就是别让自己的注意力都放在一个人身上。一开始她的自我价值感几乎都是从男朋友身上获得，于是就只能天天"榨干"她男朋友。后来在我的协助下，她完成了一件她一直想做的事情，她的一部分价值感来源分配到了入行心理学，于是她就不会天天惦记她男朋友了。就像你没事做、无聊时才会不停地刷短视频，当你目标明确，知道

自己想要什么，能够沉浸到一件事情当中获得快乐，你哪里还有时间去刷短视频呢？

我这位朋友没事情做之前，天天想着分析她男朋友。"哎呀，我天天找他，他会不会烦我？""我一直发消息，他会不会觉得我无所事事？"现在呢，她会问我："哎，有没有认知疗法的书？""写文章卡壳的时候怎么办啊？""找不到好的选题，有没有办法？"前后一对比，我感觉她现在一直钻研的样子真的非常有魅力。而且她明明既没有去讨好男朋友，也没有学习什么聊天技巧，却和男朋友的感情变得更加和谐了。

其实很多找我咨询的人，特别是咨询"恋爱脑"的人，虽然诉求是奔着如何解决自己"恋爱脑"的问题来的，但是说十句话，起码有九句话都是问对象会怎么想。而有趣的是，会有一些咨询师真的投入进去一直帮其分析。这岂不是在加深原有的"恋爱脑"思维习惯吗？尝试跟来访者聊聊，当下有什么是他已经做得很好的，让他适当强化关注自己，这样才能慢慢扭转原有的"恋爱脑"思维习惯。又或者找到来访者的兴趣来源，让他释放一部分精力去靠自己获得快乐。只要尝到恋爱以外的事情所能提供的甜头，他就不会再那么依赖对方了。人呀，只要见过光，就不会那么怕黑了。

"恋爱脑"本身最大的问题并不是脑的问题，而是行为的问题。有"恋爱脑"不会让感情产生毁灭性打击，过度依赖对方才会。与其说是"恋爱脑"的问题，不如说是过度依赖带来的问题。

## 别被"灵魂伴侣"这个概念坑了

你相信有灵魂伴侣吗?大家对灵魂伴侣的理解是,跟自己最契合的人,最懂自己的人,不用说话,一个眼神、一个动作对方就能秒懂自己内心世界的人。或许世界上真的会有这么一个跟你高度契合的人,但我发现,相信有灵魂伴侣的人,反而遇到了也发现不了自己的灵魂伴侣。

因为大多数相信灵魂伴侣的人,对于灵魂伴侣的期待是,这个人不用跟自己磨合,一个眼神就能消灭感情中所有的分歧和争执。灵魂伴侣似乎具有解决自己当前所有痛苦的功能,只要找到灵魂伴侣,自己当下所经历的苦难,都能够被解决。

这种与其叫"灵魂伴侣",不如叫"欲望综合体"。自己从小到大未被满足过的欲望,寄托到缥缈的"灵魂伴侣"上,当这位虚幻的"灵魂伴侣"身上寄托了足够多未被满足的欲望后,它就会蜕变成一个"欲望综合体"。

"青梅枯萎,竹马老去,从此我爱上的人都很像你。"以前我看到这句话觉得很美,现在我看到这句话觉得不寒而栗。

我有位读者,跟前男友在一起半年,只是因为她长得像前男友的前任而被表白。后来才知道,原来前男友还是喜欢他的前任,要分手去追回他的前任。她很受伤,觉得自己成了别人的情感替代品。

这样的故事,每天都发生在不同男女之间。多少人把在前任那里得不到的需求,变成了对现任的要求,继续编织着自己心里

灵魂伴侣的梦？但梦终究是梦，梦与现实碰撞的时候，我们就会做出大多数人都会做的选择——挑那个条件最接近灵魂伴侣的人，然后改造对方。

而改造想法的源头，就是不合理的期待。

当我们进入一段亲密关系后，会不自觉地对伴侣产生期待。这些期待会让我们觉得伴侣应该做什么，不应该做什么。这本身没什么问题，有关系自然就会有期待。可如果期待超越了当前关系，就会变得不合理。不合理的期待，会让你无法客观认识你的伴侣，只会让你爱上想象中的伴侣。

那么亲密关系中，都有哪些常见的不合理期待呢？

### 把对象当成爸妈，托付终身

有一次，我跟女朋友去爬山，爬到一半时，她对我说："好累呀，你帮我背一下包好吗？"我答应了，因为我觉得她是我女朋友，帮她背一下包无所谓。我们又爬了半小时，女朋友对我说："我好累呀，你背我上山好不好？"听到这句话的时候，我看了一眼面前的坡，我压力很大，也觉得无法理解、难以接受，因为这个期望已经超出了我的能力。

我们对伴侣的合理期待，就像是伴侣让你背个包包，你觉得不沉重，你也愿意分担一下这份压力；而我们对伴侣的不合理期待，就像伴侣让你背着他整个人，你会觉得沉重，无法分担这份

压力。但在现实中,很多人对伴侣的期待并不是背个包包那么简单,而是希望伴侣完全托住自己,希望自己可以安心挂在对方身上。这种期望有一种说法,叫作 托付心态。什么是托付心态?简单点说,就是把自己的人生、责任、喜怒哀乐全盘托付给别人,让别人来承担这些本该由你自己来承担的事情。

只有还没长大的小朋友,才需要别人的"照顾"。而一个成年人,应该懂得照顾好自己。我经常在网络上分享一个观点,就是不要过度暴露你的负面情绪给伴侣,这对关系的影响很大。对于我这个观点,经常有一些读者会质疑:如果对象都不能接住我的情绪,我还要这个对象干什么?

我想严肃解答一下这个问题。不妨先将负面情绪想象成一个很重的沙袋。有一天,你遇到一些烦心事,这让你非常不开心。这个时候,你的肩膀上相当于扛着一个很重的沙袋,你扛了很久,很累。然后你回家了,看见了你的伴侣,这时候你想将沙袋完全放到对方的肩膀上,让他帮你扛着。但是你有没有想过,同样是成年人,你扛不住的压力,伴侣怎么就能扛下呢?最后的结果是,一个情绪沙袋,把你们两个人都压垮了。

但是如果你让伴侣来帮你扛一半的沙袋,分担你身上一半的压力时,你会发现,你们两个人同时顶住了这份压力。因为是你们两个人一起背这个沙袋,而不是伴侣背着沙袋,你边看边喊"亲爱的,有你真好"。

其实我想说的是,自己的情绪,本该自己负责,作为你的伴侣,可以帮你分担一部分情绪,但最终还是需要你自己来直面

困难。摆脱消极情绪之后的受益人是你，那么这个就是你自己的事情。

**当你期望伴侣替你完成本该你自己完成的任务时，这就相当于你把自己肩上的沙袋完全架到了伴侣身上，这是一种高压，多少关系都是被这种高期望压垮的。**

比如，在亲密关系中，常见的"沙袋"有"我是你的人了，我下半辈子就是你的了""我女儿的下半辈子就交给你了，要好好对她知道吗"。你应该清楚意识到，过好自己的人生是你自己的责任，需要自己去承担。作为伴侣的对方，可以帮助你，也可以跟你一起面对，唯独不应该期望伴侣帮你扛下这一切。

还有一些读者会以"你要对我好"为由，要求伴侣将自己的下半生全盘接下。比如，结婚后不愿意去工作，希望伴侣完完全全地"养"自己。**这里我希望大家意识到，对你好不等于要把你全盘接下。**两个人成了伴侣，对对方好一些是正确的，但是不应该把对方的所有都接下。

比如，一个人的喜怒哀乐，本质上是自己的事情。很多人都没有意识到，除了你自己，没人有义务为你的情绪负责。就拿不开心这件事情来说，你不开心了，找伴侣诉苦，可以理解，这是陪伴价值。但是你要分清楚，"不开心"这件事，始终是自己的事情，你可以要求你的对象来哄你一阵子，但是你不能指望对方能够为你消除不开心。你的不开心是你的事情，不是你伴侣的事情。一个正常的成年人，应该学会区分自己的责任和别人的责任。

就像刚开始谈恋爱的时候，两个人多巴胺上头，对方对你无

微不至，甚至巴不得饭都喂你吃。这个时候你要感激，而不是觉得理所当然。因为随着时间推移，对方会有自己的事情，不能完完全全照顾你。如果你总抱着一种理所当然的态度去要求对方，接受对方的好，对方迟早都会开始反抗你。因为这个世界上，几乎没有人可以一直做到将你的所有承担在自己身上。

如果你不想让你们的感情毁在托付心态上，正确的做法是摒弃托付心态，拥抱真正的情感心态。那什么是真正的情感心态呢？

首先就是，明确自己能照顾好自己，谈恋爱不等于你完整拥有了对方。你不能因为自己现在过得不好、情绪不好、混得不好、没有安全感，就找一个对象来帮你解决这些问题。这些是你自己的问题，找一个对象，也不能解决你自己的问题，只会让这些问题成为你们感情的毒药而已。

举个例子，你给对方发消息，说："宝贝，我想你了。"对方不回你，你很急。这是爱吗？不是。你真正期待的是，对方回你一句："宝贝，我也想你了。"因为这句话可以让你验证对方是爱你的，从而缓解你内心的不安全感。

可是你有没有想过，不安全感是你自己的课题，并不是你对象的课题。你不能期望通过你的对象来满足你的安全感。因为安全感的本质是确定性。想要一个人给你100%的安全感，你只有通过控制这个手段。因为只有控制了对方，对方的行为你才可以随意安排，也就实现了对他人的确定性。但感情中一旦有了控制行为，就离破裂不远了。

你得先自己充满安全感，才能在一段感情里充满安全感；你得先拥有让自己开心的能力，才能在一段感情里获得开心；你得先学会爱自己，才会在一段感情里被爱。被爱是谈好一段感情的结果，而不是开启一段感情的目的。

### 把对象当成孩子，终身保护

最近跟朋友聚会，结束的时候蹭朋友的车回家。因为我们两个人都喝了些酒，于是就让朋友的老婆做司机。我这个朋友一路上一直指挥他老婆：给油呀，刹车呀，别跟太近，走黄埔大道呀。可他老婆不听他的，就按照自己的风格去开车，并且叫他赶紧闭嘴。他很无奈，也不多说了。

事后他跟我"吐槽"说，每次他一开口，他老婆就很不耐烦的样子，真的特别讨厌她这样。然后我对他说，你有没有想过，你对她说的每一句话，都是想控制她。

不知道看到这里的你有没有发现，我这位朋友的角色，很像部分强势的父母，最大的特点就是控制欲强，什么都要管，以爱的名义，追求在关系中掌握绝对的控制权。

我有个女性朋友，就习惯在关系中当"妈"。我们是广东人，因为当地湿热的气候，特别喜欢喝汤，认为汤水是祛湿热的万能解药。我这位朋友从小在父母的耳濡目染下，对煲汤情有独钟。然而她男朋友并不是广东人，既没有喝汤的习惯，也不喜欢喝汤。但是我这位朋友并没有理会她男朋友的需求，在她看来，喝汤有益，你就要喝。我这是爱你的表现，你不能不领我的情。于是她男朋友就因为喝汤这件事，特别崩溃。

以上例子中的两位朋友，在亲密关系中都将伴侣当成了"孩子"，他们认为伴侣没有独立自主的能力，需要自己的支撑。他们希望伴侣在生活当中，所有事情都按照自己的意愿来执行，比如开车必须按照自己的逻辑来，身体不舒服了必须喝汤。

这类人不仅会让他们的伴侣很难受，还会让自己非常难受，因为他们时刻处于一种"想要控制一切，但是发现一切都不受控制"的痛苦当中。

其实这种现象在心理学上的说法叫控制错觉。意思是对于非常偶然的事情，人们以为凭自己的能力可以支配。产生这种错觉的原因是由于平日的生活都能用自己的能力加以支配，而把这种错觉扩展到了偶然性的事件上。

简单点说，就是你觉得所有事情都是可以被控制的，同时你还觉得自己能够控制住这一切。包括感情中那些没完没了的要求，比如必须秒回微信、过节必须送礼物、每晚必须说晚安等。这些事情做了并不会让对方更爱你，甚至有可能产生反效果。这一切都是在让自己产生控制的错觉，觉得做了之后，一切就会变好。以为让对方做一些看似表达爱的事情，就能让对方多爱你一点。

我们理解了控制错觉的运作原理，就知道在感情中，控制欲很强的人都在想什么。一切都源于他们对于关系发展的焦虑。他

们经常在内心有个想法，觉得自己再不做点什么、改变点什么，和伴侣的关系就要恶化了，然后就要分开了，接着就进入无限焦虑的状态。

比如，你觉得对方不爱你，你觉得你无法控制他对你的爱了。于是你开始强迫他做一些你认为是他表现爱你的事情，然后通过这些事情来获得控制感。这些控制行为，会让你获得暂时性的信心，但是很快又会再次进入焦虑状态，因为对方压根儿不会受你控制。

于是你不断在"失控—焦虑—控制—失控"状态中往复循环，痛苦不已，从而没有时间去思考为什么你们的关系会发展成这样。你只是不断在救火，却从来不去考虑为什么会着火。

其实这就是我们常说的，用战术上的勤奋来掩盖战略上的懒惰。请你时刻记住，如果你总想控制一切，那么你最终将会毁掉一切。

伴侣不是孩子，是一个成年人，是一个会独立思考、为自己负责的成年人。伴侣不需要你像孩子一样照顾他，你也不必活成他的父母。

第二章

那些通过恋爱暴露的个人成长问题

对象当着你的面发脾气时，你是不是会担心自己做错了什么？对象指责你做得不够好时，你是不是明明觉得自己没有错，但还是产生了愧疚心理？

有时候明明出轨的是对方，却总被指责是自己不够有情趣才导致这一结果的发生。虽然这种说法很荒谬，但更荒谬的是，你自己都对这个说法半信半疑。

一个容易自我怀疑的人，往往都是没有真正认识自己的人。当别人随便质疑自己时，因为没有坚定的自我了解，便会从他人的闲言碎语中自我怀疑。

比如，有人说我矮，我压根儿不会理会他的话，因为我很清楚自己的身高是179厘米，我也很清楚这个身高远高于全国平均水平。就算是一个190厘米的人取笑我，我也不会自我怀疑，因为我很清楚自己的真实水平是什么。但如果有人嘲笑我唱歌难听，我就会很敏感。我很少当众唱歌，几乎都是自己一个人躲着唱。有时候我觉得自己唱得还不错，但这个"还不错"属于主观体验，并没有跟真实的客观世界接轨，我的声音在别人的耳朵里到底是什么水平,我自己也不知道,所以我非常容易自我怀疑。

如果你在日常生活中也经常会自我怀疑的话,请不用担心,这个问题我经历过,并走出来了,我会将我的方法分享给你。

## 分清楚哪些是自己的问题,哪些是别人的问题

你有没有期望通过一段关系,或者一个人,乃至一个家庭,去解决你的人生问题?比如:你没钱,想找个有钱人来解决自己贫穷的问题;你没趣,想找个有趣的人来提升自己生活的愉悦感;你家庭缺爱,你想找一个家庭和谐的伴侣,来满足自己对家庭的幻想。

但凡有这类想法的读者,基本都会非常烦恼。因为这是所有人际关系烦恼的根源,就是分不清楚什么是自己的事情,什么是别人的事情。如果一个人在成年后,还是没有学会如何区分自己的事情和别人的事情,那么他就容易变得敏感多疑,容易将别人的期待当成自己的期待,逐渐地认不清自己,不清楚自己想要什么,只会随着外部评价决定自己想要什么。

举个例子,父母希望你毕业后留在家乡考公务员,安安稳稳过日子,而你则希望去大城市见见世面,增长见识。这个时候,你会纠结于到底该选哪个。听父母的话,就圆不了自己的梦;听自己的,父母就会难过。两边都不讨好。

亲密关系中也是一样。你发现单身的自己过得太苦了,你想

找个温暖的伴侣来让你的生活温暖一些,于是你找了一个伴侣。可是相处后发现,对方并不能满足你的需求。而对方也会因为你的态度变化而感受不到亲密关系的温暖。最终你会发现,单身过得不开心,两个人在一起后还是过得不开心。

这里痛苦的根源就在于,你没有区分好什么是你自己的事情,什么是别人的事情。去大城市还是在小城市做公务员,这件事是你自己的事情;单身还是处对象,这还是你自己的事情。

学会取悦自己是你自己的事情,而不是伴侣的事情。伴侣可以取悦你,但并不是必须取悦你。这是很多人都会存在的一个误区,他们觉得:如果你不能让我开心的话,我还跟你谈恋爱干吗呢?

其实,和谐的感情往往都是两个开心的人在一起奔向更加开心的未来,而不是一个失落的人去找一个开心的人来弥补自己。

我做咨询的时候,经常会听到一类话,"我不能没有她""我离不开他"……这种就是典型的过度依赖,导致自己失去了自主性。过度依赖会让一个人失去为自己买单的责任感。其实,脚是长在自己身上的,怎么会离不开另一个人呢?

这里指向一个问题,即这段关系的互动过程让你的自我意识缩得更小了。你的关系中挤满对方,没有给自己留一点位置。只要关系中出了问题,或自己出了问题,第一反应就是让伴侣来为你解决。感情不好了,你想办法呀;我不开心了,你想办法呀。

有个朋友曾经跟我分享过她的想法,我听了很有感触。

现在我遇到一些能够给我极致体验的男人时，我第一反应其实是防御的。我觉得这样的人对我而言，是精神毒药。

如果我本来是 100% 的快乐程度，这些快乐都是靠我自己提供给我自己的。我遇到一个人，他让我的快乐程度变成了 120%，我也挺开心的。因为我也不怕他走，他走了我自己还有 100%，不至于说他走了之后，我的快乐会丢失很多。但如果我本来只有 20% 的快乐程度，我遇到一个人，他让我的快乐程度变成了 120%，我反而很恐慌。因为我突然意识到，如果他走了，我的快乐就所剩无几。而他到底会不会走，这不是我可控的事情。

这也是我恐慌的来源，如果跟这种人在一起的话，为了缓解自己的恐慌，我会做出很多控制他的行为。以此来保证他不会离开我，从而达到缓解自己恐慌的目的。但我也清楚，控制只会加速他的离开。

她的话让我特别有感触，因为在我看来，好的关系是锦上添花，而不是期望别人来深渊里搭救你。如果一段关系的主要作用是救赎的话，那么关系中一定有人在被消耗。正常的逻辑应该是"我很好，你要不要跟我一起好下去"，而不是"我不好，你要不要让我好起来"。

在生活中，活得很累的人，往往都是过度依赖外在评价的人。因为他们都是通过"别人"这面镜子来认识自己，这有着极大的不确定性。

为什么这类人会通过别人的评价去认识自己呢？

因为他们有一个"小自我"。怎么理解"小自我"呢？就是看不清楚自己。当看不清自己时，就只能通过别人这面"镜子"来认识自己、观察自己。好比走在一条伸手不见五指的道路上，你看不到前方的路，那么你能依靠的就是周围的灯光反馈，哪里有灯光，你就往哪边靠。

"小自我"的人很容易进入挂件状态。什么是挂件状态？就是在关系中容易卑微，情绪波动大，没法为自己负责，过度关注他人，没有安全感，没有价值感，没有自主权，不敢表达自己，没法自己为自己做主。这种人就像一个挂件一样，完完全全挂在对方身上。

我们决定自己想过什么样的人生，取决于我们清楚知道自己想要什么。而认识自己的方式，又决定着我们如何判断自己想要什么。如果无法客观知道自己想要什么，就会出现随波逐流的情况，就是看别人都在要什么，那么自己也跟着要就对了。

## 痛苦的根源：分不清事实和评价

相比于显而易见的事实，我们更愿意相信自己推导的结论。但你能分辨你自己听到的是事实，还是伪装成事实的评价吗？

我们认识自己的方式之一就是参考外部评价，但如果外部的评价本身不是事实的话，就会让我们看不清真正的自己。

但我们还是得通过外在的评价来更加全面地认识自己。因为别人能够看到我们自己看不到的一面,特别是那些比自己强的人,他们就像在八楼看着一楼的你,他们的评价更具有参考价值。

那么,如何透过别人的评价来正确认识自己,就是一个很重要的课题。关键是你要学会在他人的评价中挖掘到客观事实。如何挖掘呢?最重要的一个能力就是学会区分什么是事实,什么是评价。

事实就像平面镜,是真实的你,是客观世界中实实在在发生过的事情;评价是哈哈镜,是扭曲的你,是别人通过一些客观发生的事实进行推断得出的结论,带有强烈的主观感受。

有人说你胖、说你丑、说你脾气差、说你不爱他,可能只是想打压你;有人夸你好看、夸你聪明、夸你温柔、说他多爱你,可能只是想捧杀你。所以要学会区分对方口中的事实和评价。既要相信自己值得被世界温柔对待,也要有自知之明,知道自己几斤几两。

接下来再说说如何区分事实和评价。事实是对客观现实的描述;评价是你的大脑根据事实进行推论,再基于你的主观感受而发表的观点。举例说明。

"你很高"是在发表看到对方身高后的评价;"你身高有一点八五米"是在描述事件本身。

"你最近总不回我信息,肯定是不爱我了"是在发表对

于对方不回信息这件事的评价;"你回消息的频率从五分钟一次,降低到了半天一次"是在描述事件本身。

"我们又吵架了,我们果然合不来"是在发表对于吵架这件事的评价;"我们的沟通模式不匹配,我们对于事物的理解不一样"是在描述事件本身。

"今天是情人节,你没有送我礼物,肯定是不爱我了"是在发表对于对方没送礼物这件事的评价;"今天是情人节,你没有送我礼物"是在描述事件本身。

"你的袜子乱放,没有摆好,你一点都不爱干净"是在发表对于乱放袜子这件事的评价;"你的袜子乱放,没有摆好"是在描述事件本身。

"你总是盯着我回不回微信,你就是控制狂"是在发表对于伴侣关注自己回复速度这件事的评价;"当我超过三分钟没有回复你的微信时,你会来说我"是在描述事件本身。

评价实则是一种偏向于贴标签的表达方式,这是一种封闭式表达。比如,你给对方贴了一个"情绪化"的标签,对方只有接受或者拒绝这种标签,没有其他值得探讨的可能性,你也就失去了挖掘对方为什么会表现出情绪波动的机会。往更深讲,你失去了和对方建立起深度连接的机会。

接下来,我再具体说说,我们可以做些什么以提高自己识别客观事实的能力。一个简单且有效的方法是改变你说话的方式。一个人的说话方式会受思维的影响。同样地,思维本身也会被说

话方式束缚。

给大家分享一个例子,来感知一下语言是如何影响一个人的思维方式,进而消耗人的感情的。

有个同事来问我吵架的问题,主要对话如下。

**同事**:我觉得男朋友对我不上心了,微信回复变得好慢。现在我天天因为这件事和他吵架,怎么办?

**我**:我们切换视角看看,你发现男朋友回复消息的频率变慢了,于是你推断出了一个结论,就是男朋友对你不上心了。至于为什么会回消息慢,你不去深究。

**同事**:你的意思是,我误会他了?那我能怎么办呀,明明之前回复消息都会很快的,现在变慢了,我是真的很生气呀!

**我**:这样,下次当你心里不爽的时候,或者对他有意见的时候,将你的语言系统中的"我觉得"替换成"我看到"去试试看。

**同事**:就这么简单?

**我**:试试看嘛。

一周后,同事又来找我了。

**同事**:周三那天,因为他回来很晚,也没提前跟我说一声,我当时就觉得他根本不在意我的感受,否则提前说一声有这么难吗?我刚准备跟他说"我觉得你一点都不在意我的感受",接着我就想起你说的建议,我就提醒自己将这句话

里面的"我觉得"换成"我看到"。

神奇的事情发生了,当我开始用"我看到"的时候,就觉得这句话很别扭。我发现接上了我的主观感受之后,这句话不太顺畅。"我看到你一点都不在意我的感受",这不是我看到的结果呀。于是我就能够很平静地问他到底为什么这么晚回来。最后发现,原来他被临时叫去开会,手机又刚好没电。当我知道之后,一开始那种觉得他不在意我感受的感觉已经烟消云散了。如果当时我直接说他不在意我的感受,估计又吵架了。

这就是我开头所说,说话方式对思维的束缚。你看,当换了习惯用词后,思维也会跟着一起发生变化。

当使用"我觉得"的时候,视角会锁定在自己的主观感受中,幻想对方不爱自己,幻想对方不上心,并且会将这些主观感受当成已经发生的事实。而当习惯用词切换成"我看到"的时候,视角就会锁定在客观事实上,因为"我看到"接上的应该是自己看到的客观事实。

"我看到你不上心"这句话是反逻辑的,因为"不上心"是一种个人主观感受,你是看不到感受的。比如,你说"我看到你一点都不爱我",很奇怪对不对?我们切换来看看这句"我看到你下班很晚回家,也没有给我打个电话"。

对比下来,你觉得哪个句式更加容易营造一个适合沟通的氛围呢?

人与人的交流中，最容易出现的问题就是对别人产生一个推测，并且将这个推测当成客观事实。"我觉得"就是一个推测思维的外在表现。而"我觉得"这种口头禅，会进一步强化你的思维方式，让你更容易将自己的推测当成客观事实。这就是说话方式对思维的一种束缚。

## "关我屁事"能解决80%的亲密烦恼

有一次，我跟女朋友出去玩，她随口说了一句："今天好热啊，我全身都出汗了。"我听到后觉得，她是在怪我吗？怪我今天忘记带小风扇了？我甚至在想自己是不是应该去便利店买个小风扇给她。

我将周围人的感受，都当成了跟自己有关的事情，认为是自己造成的。"今天很热"这件事，对于我女朋友而言，只是针对天气而发出的感慨，而我则认为她是在针对我做得不够好，让她觉得热了而发出的"吐槽"。

在那一刻，我无法分辨她到底是针对人还是针对事，她的所有情绪我都归类为针对"我"这个人了。于是我就会觉得，我有责任对她的情绪负责。但是如果按照课题分离理论来理解，其实我是不需要对她的情绪负责的，她热不热、烦不烦躁，是她自己的课题。

什么是课题分离呢？网络上有个段子：人生80%的事都能

用"关我屁事"和"关你屁事"解决。我觉得这句话很好地诠释了什么叫作课题分离。

课题分离是著名心理学家阿德勒提出的一个理论，指的是要想解决人际关系的烦恼，就要区分什么是你的课题，什么是我的课题。

我只负责把我的事情做好，而你也只负责把你的事情做好。

为什么我们不能期望别人来解决自己的人生问题呢？因为很多时候，你会舍弃很多自己的需求，只为达到解决人生问题这一目标。比如，你想过上有钱人的日子，你可能会舍弃自己的情感需求，找一个自己不那么喜欢但是相对有钱的人在一起。

我有一个读者，她从小生活在一个严肃的单亲家庭中，从来没有体验过轻松愉快的家庭氛围，每次去朋友家里体会到别人家的愉快氛围时，就特别羡慕。所以她自己特别渴望拥有一个其乐融融的大家庭氛围，于是她暗下决心，以后找对象要找一个家庭氛围特别好的人。最后她真的通过相亲认识了现在的老公。不过两个人第一次见面的时候，她就感觉和对方不搭，但是因为对方家庭氛围整体不错，最后还是结婚了。果不其然，她的感觉非常准，两人婚后生活过得一塌糊涂。双方无论是思维层面还是沟通模式都不搭，相处起来非常消耗精力。

这就是分不清什么是自己的课题，甚至把自己的课题当成别人的课题来对待。自己渴望一个愉快的家庭氛围，可以找一个合适的对象一起去慢慢建立。好的家庭氛围是一个结果，是处理好一段婚姻关系的结果，而不是一个目的。

但是对于他人而言，对方也会被你的高期望压到喘不过气。这类案例数不胜数。一个缺爱的人希望找一个人来全身心弥补自己缺失的爱，最后的结果一定是对方不堪重负，然后远离你。因为当你抱着对方能够满足你缺爱需求的期望时，你就已经变成了一个"吸血鬼"，天天榨取对方的情绪价值。

说了那么多，我们该如何学会区分什么是自己的课题呢？有一个非常重要的判断标准：在这件事情中，谁承担结果（这个结果包括了风险和收益），就是谁的课题。比如择偶，你最后选择了什么样的伴侣，决定了以后过上什么样子的生活。过上了好日子，是你在享受；过上了苦日子，也是你在担着。以后的生活体验，就是你需要自己去承担的结果，那么这就是你的课题。无论是你的父母，还是你的朋友，他们给你的任何建议，最后还是你自己去承担选择后的结果。

很多找我咨询的读者都会问我一个问题：为什么一定是我付出精力去修复这段感情，而不是双方一起呢？

因为在这段关系中，你比对方更加不能接受现状，你更加痛苦。而修复后，你能解决掉这些痛苦，让你变得更开心，你是受益者。谁受益，这就是谁的事情，谁就得去改变。当然，你也面临风险。风险就是，很可能你努力去改变了、去修复了，但结果还是不尽如人意。

一个人变得越来越成熟的一个特征就是，开始懂得分清什么是他人的课题，什么是自己的课题，边界感就这样诞生了。

## 以自我为中心者，永远成不了别人的中心

小时候，我的爸妈会对我说"天气冷了，多穿件毛衣"。哪怕我直接说"我不需要，我已经够暖了"，他们还是会觉得"不，你需要的，你只是不肯承认"。

当时我只感觉到很憋屈，总觉得哪里不对，但是又说不上来。就像医生问你"身体哪里不舒服"，你描述不出来到底哪里不舒服，只能跟医生说"就是不舒服"。我想答应父母的要求，但是又觉得不乐意。我想顺从自己的内心，又感觉不会被允许。

父母对于我的冷暖判断，不是来源于我的真实体验，而是来源于他们的主观感受。他们觉得我冷，我便是冷。

再举个例子，某些在一线城市工作、生活的人，周围基本都是本科以上学历，月收入一万元以上的人群。浸在这种环境中会让他们得出一个经验总结：这个世界上应该很少人低于本科学历，月收入一万元是基本水平。然而，如果你是本科以上学历加上月收入一万元以上，其实你已跑赢了大约90%的中国人。

生活中有种"蛮横霸道"的人，他们之所以会这样，是因为他们认为自己的经验就是世界的运转规律。这类人的自我很大，他们会觉得世界应该按照自己的经验总结来运转，而不是按照客观规律来运作。

这种表现就是"大自我"，以自我为中心，过度关注自我，

对自己和伴侣有高标准,希望成为关系中的主人,想什么都说了算。这类人在亲密关系中的想法是:我觉得你应该怎么样对我,你就应该按照我设想的剧本去运转。我还会引导你逐渐变成我所设想的样子。

我自己也曾体会过这种"大自我"的感觉。刚跟女朋友在一起的时候,我会跟她讲很多道理。比如,我会一直催她多吃鸡蛋,并且告诉她,鸡蛋的营养价值高,多吃鸡蛋可以补充足够的蛋白质等。最后她往往只会回我一句:"我不喜欢吃鸡蛋。"当我听到这句话的时候,内心是气愤的,我觉得她不领情,我好心让她吃鸡蛋,她居然这样回复我。可是当我再往深一点去想的时候,我发现,其实是我错了。我并不是真的在关心她,否则我不会不知道她不喜欢吃鸡蛋。我只是发现了她跟我有不一样的饮食习惯,并且我不认可她的饮食习惯,所以我就用"讲道理"的方式,来让她接受我的饮食习惯。

本质上说,"让她遵循我认为好的饮食习惯"这件事情的重要程度要大于"她能吃到自己喜欢的食物"这件事情。所以我并没有多关心她,我只是更希望自己的欲望得到满足而已。

"大自我"让我失去了倾听能力,导致我根本没有倾听她的真正声音:我不喜欢吃鸡蛋。我只听到了我自己的声音:她竟然不喜欢吃鸡蛋,我的天,得让她乖乖吃鸡蛋才行。

意识到这个问题后,我再也没有强迫她做过我认为好的事情。现在,我煎鸡蛋的时候,依然会表示关心,主动问她是否要吃鸡蛋。有时候我得到的答案是"不要,我不喜欢吃鸡蛋",那我就

只煎我自己的一份。有的时候我得到的答案是"好吧,我试一下吧",那我就煎两份鸡蛋。自此以后,我再也没有因为她吃不吃鸡蛋这件事情而苦恼,而她也更开心了。

很庆幸我在自己的关系中及时觉察到了自己的"大自我",并且纠正了自己的行为。但是有的人就没能那么及时地觉察到。

我有个读者,她觉得男朋友有一个义务,就是必须在工作期间也要跟她聊天,否则的话就是对她不够上心。于是她故意在上班时间找各种各样的话题去聊天,但她的男朋友并没有每次都及时回应。有时候在开会,他就不回消息了。

对于我这位读者而言,当她发现男朋友竟然没有按照自己的剧本去发展时,就会像导演一样,想办法引导男朋友回到剧本的正确走向上。比如,她会对男朋友说:"如果我是你,我就先回微信说一声再去开会。"

这句话,乍一听没啥毛病,挺合理的,但实操起来就不是那么一回事了。临时会议能不能玩手机回微信不说,长期下来,每次开会都要告知伴侣一声,这件事的执行难度可不简单。于是,她的男朋友在这段关系中,就感觉到各种不被允许。如同我开头所说的感觉,明明觉得很憋屈,但是又说不出个所以然来。长期处于这种状态下,情绪就会容易暴怒,最终承接情绪宣泄的,还是感情中的两个人。

无论"小自我"也好,"大自我"也好,本质上都是"不认识"自己的结果。对自己的错误认知,导致要么高看自己,要么高看伴侣。错误的认知带来错误的期望,高期望往往就会伴

随高失落。

  但是没关系,当我们更清晰地了解到自己是如何"不认识"自己后,这本书接下来的篇幅,就要帮助你从一个可能你之前没有思考过的角度,重新认识自己、认识亲密关系。

第三章

所以,先做更好的自己吧

## 分享三个让我自己变得内心强大的方法

25岁之前的我,内心就像豆腐一样软弱,一碰就碎。到了现在,我终于可以像个"成年人"一样了。

我是怎么做到的呢?在最近的自我复盘中,我思考了这个问题,现在将我的三个建议分享给你。

**第一,创作。**

你没看错,这个毫不起眼的行为,对我建立强大内心起到了不可忽视的作用。

怎么理解创作呢?我对此的定义是:有作品诞生。比如,我花了两年多时间写了400多篇文章,粗略一算,也写了40多万字了。我认为这400多篇文章,就是创作过程中的产物。再比如,我曾经坚持做过200多场语音直播,按一场2小时来说,我也投入了至少400小时。每次直播我需要跟听众讲解一些内容"干货",在表达的过程中,我会重构对这个知识点的理解,思考如何更好地表达。这个创作过程中的产物,极大丰富了我看问

题的角度，以及当众演讲的能力。要知道，以前我可是一个在课堂上回答问题都觉得害羞的人。

也许你会困惑，这跟内心强大有什么关系呢？很多人谈及内心强大都离不开"成长"这个词，但这是一个很空洞的说法。怎样才算成长呢？我感觉自己成长了，成长在哪里？我写了400多篇文章，我从不善言辞变得敢于当众演讲直播。这些变化，都是在颠覆以前的自己，而且还有作品证明我做到了。这些结果，就是我内心逐渐强大的底气，而作品就是结果的呈现方式之一。

很多人或许会纠结，没有那么多作品诞生怎么办？但你自己，就是你可以终身雕琢的作品。

第二，养活自己。

进入公司上班，也算是在物质上养活自己的一种方式。但还不够，因为公司依靠的是团队协作，你只是巨大商业系统当中的一环。我认为更能强大内心的一种方式是，完全依靠自己的能力，赚到一个月的生活费。

完全依靠自己的意思是，你不依赖公司，也不依赖父母和朋友，单纯就是靠自己的思考、执行力，然后赚到钱。不用在意赚多少，能赚到就行。

我之前曾经尝试过跟女朋友去商场摆摊，从选品到准备物料到选商场，整个过程都是她完成，我只是一个"打工小弟"的角色。我们摆了两天，扣除成本，净赚七八百元。可能你会觉得，这点钱算上时间成本、精力，不值得。单纯从物质层面的投入产出比来看，确实不值得。但是更值钱的东西是，这个依靠自己赚钱的过程，比打工更有价值感。这个满足价值感的过程，会衍生出一种底气，是哪怕天塌了，我也能依靠自己活下去的底气。

我在写文章的过程中，一些来访者通过文字认识和了解我，并且最终找我咨询。这个过程对我而言，价值感就更强烈了，因为我既有作品诞生，物质上又能赚到钱，精神层面上还帮到人。我内心强大的很大一部分基石都是因为这些。

第三，拒绝别人。

我以前是一个"好好先生"，刚参加工作时，什么活都接，也不管是不是自己负责的。因为在我的成长环境中，"拒绝"是一个贬义词，会伤害到别人。我也承认，拒绝或许真的会伤害到别人。但事情都是有两面性的，"不拒绝"也会伤害我的感受。我自己明明很委屈了，为什么不拒绝？

有原则的拒绝可以强大内心。

拒绝之前，你可能会有很多悲观幻想，比如：拒绝了别人，人家就会讨厌我；拒绝了别人，我就失去了这个朋友。这些悲观幻想会不断弱化你的内心。而拒绝的作用是，打破你的悲观幻想。当你开始为自己的感受负责，开始拒绝一些事情后，你会发现，事情跟你预设当中的悲观幻想不一样。这种不一样，会打破你对"拒绝"这件事的恐惧。就像一个披着白布的"鬼"每天晚上都来吓你一次，把你吓成了一个胆小鬼，只要看到白布就会腿发抖。后来你不小心揭开了白布，发现披着白布的并不是"鬼"，而是一个看起来比你还瘦弱的小朋友。此刻，你面对白布的心境就发生变化了。

以上建议是我的个人总结，它不一定适用于你，请务必从自身角度出发去思考。

## 改变自己：以改变讨好型人格为例

大家有没有过以下经历：

**每天什么都不想做，只想躺着玩手机、打游戏；**
**对任何东西都毫无欲望，只想活在自己的世界里；**
**渴望改变自己，但是又缺乏动力。**

其实以上情况，我也经历过。很多人会有一个误区，觉得咨询师不应该颓废，应该天天向上，非常积极乐观。事实上，咨询师跟你们一样，也会拖延，也会懒惰。关键在于，我在面对这些问题的时候，能够及时跳出这个恶性循环，而大部分人只能被困在里面。

同样地，在亲密关系中，我也会遇到和你们一样的情况，如情绪化、感情变淡、沟通不和谐等问题。而这些问题，最后都成为我成长路上的垫脚石，让我成为更好的自己。这里涉及的本质问题就是：我们该如何有章法地改变自己？很多人不愿意改变，原因常常是不知道如何改变。

关于改变自己的办法，我可以和大家分享一二。

第一，重塑价值观，这是"知道"。

毫不夸张地说，你当前的生活状态，基本都是由你的价值观来决定的。千万不要小看价值观，"心想事成"，说明心之所向才能事成。这个"心想"就是你的价值观。

举个例子，如果一个男生的价值观是"女人就是做饭洗碗、洗衣服的"，那么这个人和女生相处的过程，一定是轻视女性的，甚至将女性当成用人。他对待女性的语气、行为动作，甚至是看向她的表情，都会充满蔑视。这种男生，无论他的颜值多高，给女性的感觉一定是不尊重人。这就是为什么很多男生，你只要和他吃一顿饭，就会觉得不舒服。

相反，一个有着"男女平等"价值观的男生，他在和女生相处的过程中，必然处处尊重对方，同时又不会过度委屈自己，能够真正做到不卑不亢。无论他多普通，给女性的感觉一定是这个男生特别"靠谱"。

感情有问题的读者，自身必然存在一些不合理的情感价值观，比如：男人就得主动买单，不买单就不是好男人；不需要我说，他就应该懂我的意思。正是这些不合理的情感价值观，让你和对方在相处的过程中不断被扣分。面对很多找我咨询的读者，我的首要目标一定是先找到他们存在的不合理情感价值观，然后扭转过来。

发现自己不合理情感价值观的办法很多，可以通过看书、通过咨询、通过复盘自己行为的合理性等。

这里分享三个判断自己情感价值观是否合理的方法。

第一个方法，先将自己脑海中的价值观通过文字呈现出来，可以写在纸上，也可以写在电脑或手机上。写完之后，观察自己写下的价值观描述中是否有一些绝对性的用词，如"一定""绝对""必须""应该""肯定"等词。如果有，那么这个情感价值观需要重新审视一下。

第二个方法是反推，先写下自己的价值观，然后根据自己的价值观进行反推。比如，你写下"爱我的人就一定会给我花钱"，那么反推过来就是"给我花钱的人就一定爱我"。这个说法显然不成立，像一些目的不纯的人，也会通过花钱的方式来建立你对他的信任感。如果反推后的逻辑被证明是不合理的，那么原来的价值观也就值得再推敲。

第三个方法是可能性推测，先写下自己的价值观，然后推测这个价值观逻辑当中的其他可能性。还是以"爱我的人就一定会给我花钱"为例，推测出的其他可能性就是"给我花钱的人，除了爱我，还会有其他目的"。如果有其他的可能性，说明这个绝对性的价值观不一定对。

**第二，重塑行为，这是"做到"。**

这是失败率最高的一步，但也是改变效率最高的一步。我发现一个普遍现象，找我咨询的读者，每次和我聊完之后，就恍然大悟、醍醐灌顶，认为自己知道问题所在了。然后过了一段时间，又回来告诉我，自己做不到。知道为什么会这样吗？**因为知道靠意识，而做到则靠潜意识。** 当你遇到同样的问题，不再需要经过思考就能自己做出正确反应的时候，才算得上真正做到。

比如，我知道沟通的时候不能情绪化表达，而是要去表达情绪。在吵架的时候，如果我脱口而出"滚，你真讨厌"，这只是知道。只有当我不假思索就说出"我现在很愤怒，先别和我说话"，这样才算做到。

那么要怎样才能达到潜意识做到呢？靠的是持续做有反馈的小事情。有反馈的小事情会让你充满动力，不至于一开始就被一个大难题给打倒。

很多人一碰到问题，就想一步到位，直接解决问题。遇到情绪化问题的时候，只会告诉自己"不能情绪化，不能情绪化"，但是，你不知道怎样才能不情绪化，对不对？情绪化是因为你在情绪出现的时候，无法第一时间知道自己处于什么样的情绪状态，所以只能任由大脑替你做出反应，属于潜意识行为。愤怒的时候，潜意识行为就是骂人、说气话、打人。如果我们要改变情绪化行为，那么我们要做的不是告诉自己别情绪化，而是去学习如何感知自己的情绪。可以通过写情绪日记来锻炼自己，这就是持续做有反馈的小事情。

你每次情绪化的时候，就将自己为什么有情绪、什么事情导致我做了什么详细记录下来，当你坚持一个月之后，这个思维模式就会刻入你的大脑中。当你下次再出现情绪化行为的时候，你就能意识到自己正在生气，然后你就能好好地说出那句："我正在生气，先别和我说话。"

这里以我改变自己讨好型人格的经历为例。之前的我，可以说是活在满足别人的世界里。我总是想尽办法避免让他人失望。

我总是优先满足别人的需求，再考虑自己的感受。

以前跟伴侣吵架时，无论是什么矛盾，我总是第一时间道歉，我希望可以通过道歉来平息争吵。我天真地认为，只要去"讨好"，就能拯救危机。后来我的讨好型人格几乎不存在了。一直处于压抑状态的我，想要突破这个困局，而破局则得益于一次小小的测试。

某次，我已经连续加班半个月了，身心都很疲累，刚好周末终于可以休息一下。这时朋友邀请我周末一起去爬山，而我并不想去。换成是你会如何处理这件事？因为我当时确实累到不行，觉得整个世界都在和我对抗，一生气，索性直接拒绝了朋友，说自己太累了不想去。我发完消息之后，倒头就睡。睡醒后，我打开手机准备迎接朋友的责怪，却收到了朋友的关怀："那你好好休息，我们爬完山给你带点好吃的。"刚看完消息，家里的门铃就响起了。

正是这次拒绝，我突然有了新的感受，原来我可以拒绝别人，并且我拒绝后也不会受到什么毁灭性打击。懂得了这个道理，我多次利用这个办法，去一点一点地试验。

比如，有一次跟女朋友吵架很激烈，她很无奈地问我到底想怎么办。当时我的第一想法是让她抱抱我。随后我的讨好心理又跑出来了，觉得我们还在吵架，她肯定不愿意抱我。当我发现自己又开始忽视自己的感受，只顾着他人的感受时，我又开启了一个测试。我直接说："那你抱抱我吧。"女朋友听了之后表情一愣，然后就抱了我。通过这次拥抱，我又有了新的认知，原来我可以提出自己的要求，并且我的要求是值得被尊重的。于是我继续在生活中的其他场景去尝试。

记得有一次逛超市，我看到薯片打折，当时我特别想买，又不敢拿出来放入购物车，因为担心我妈会责怪我乱吃垃圾食品。当这个想法冒出来时，我开始意识到，我的讨好心理又跑出来了。于是我鼓起勇气拿起了打折的薯片，放到购物车里。我妈看到后只是笑眯眯地说了一句"又吃薯片"，并未指责我。没想到的是，她接着去买龟苓膏了，边挑边说："吃完薯片吃龟苓膏，下火。"这次购物体验再次强化了"我的需求值得被尊重"的想法。

直到现在，我的讨好型人格已经不复存在了。可以说，我成功地改变了我自己。

最后总结一下，改变自己需要做的是：第一，让自己拥有合理的价值观；第二，让自己持续做有反馈的小事情，实现从意识到潜意识的蜕变。

## 你的问题就是想得太多，做得太少

我曾经觉得，这辈子我都不适合当众演讲，因为我的普通话不标准，而且容易害羞。如果是你，要如何破除这个执念呢？关于如何破除这个执念，文章后面会有详细的说明，现在先请大家带着这个问题，一边思考一边往下看。

我们来聊聊执迷不悟。执迷不悟分为两种：一种是知道自己执迷不悟的，另一种是不知道自己执迷不悟的。"我知道他是'渣男'，但是我觉得他会为了我浪子回头。"这种就属于知道自己是执迷不悟的。"我觉得他不是'渣男'。虽然大家都说他是'渣男'，但我觉得他对我很好。"这种就属于不知道自己是执迷不悟的。

我们来聊聊第一种情况的执迷不悟。感情中，这种情况大家应该经常会遇到，比如，你知道自己的感情已经无可挽救了，但是你依然继续坚持。

这其实是大脑的"执迷系统"在作怪，你想摆脱执迷不悟的现状，就得先了解其运作规律。执迷系统里有三个关键因素，分别是想法、感受、行为。它们就像三个彼此耦合的齿轮，推动彼此转动，相辅相成，一起带动你整个人的行动。

以短视频上瘾为例，你某一天无意中打开了短视频软件，随手刷了几个视频，发现挺有趣的，然后越刷越多。形成习惯后，当你无聊时总会去刷刷短视频。到了后来，只要你有时间，都会去刷。大多数人的上瘾过程都是这样，而造成这个结果的原因，就是执迷系统在起作用。

你刷了十来个视频，也许只有一两个视频是有趣的，但是这件事会给你带来一个想法：下一个视频会很有趣。同时在你刷到有趣视频的时候，你的大脑马上会获得快乐的反馈，这会给你带来一种很愉悦的感受。在想法和感受的共同驱动下，你就会做出"不断刷下一个视频"的行为，而这个行为所带来的感受，又会

反过来强化你的想法。**所以短视频让你变得执迷的关键就是让你产生"下一个视频会很有趣"的想法。**想法影响你的行为，行为带来感受，感受强化想法，这样彼此强化影响，你就上瘾了。

感情中也一样，你遇到一个只想和你发展短期关系的男生，他对你嘘寒问暖、给你送小礼物、天天和你聊天、和你规划未来，让你有了愉悦的感受，**你就会产生"他是要和我处对象"的想法。**抱着这个想法，你糊里糊涂地和他发生了关系。之后你想确认关系，但是他说他以前受过伤，还没准备好，你信了。你身边的朋友都觉得很奇怪，这种假话你也能当真？！当你走出来之后，你自己也奇怪，这种假话为什么自己当初会信以为真？

这一切都是当初那个毫无根据的想法所带来的。

**执迷系统的微妙之处在于，它有自己演化的能力，只要给它一个想法，它就会自己演化下去，不断强化。**

**这也是它的可怕之处，因为无论是正面想法还是负面想法，它都会演化、强化下去。很多不可理喻的行为背后，都是这个执迷系统在起作用。**

当我们深陷执迷系统的时候，该怎么办？

前面说过，想法、感受、行为，三个关键因素是相互影响的。这也就意味着，只要改变其中一个因素，整个系统就会发生变化。那么应该改变哪个因素呢？大家估计都会选择想法，因为它是决定性的因素。经过我的实践，其实行为才是最应该改变的一个因素。事实上，想法是最难改变的。想法就像生根发芽的种子，只有刚刚萌芽的阶段才是最容易改变的，一旦它发展成了大

树，就很难改变。而感受属于人的自然反应，你也不能改变。唯独行为，它的特点在于，你能够自主干预，并且能看见变化。

回过头来，说说开头所提到的问题，就是我觉得这辈子我都不适合当众演讲，因为我的普通话不标准，而且容易害羞。如果是你，要如何破除这个执念呢？

我来说说我是怎么做的吧。我没有刻意去改变自己的想法，我选择接受自己普通话不标准这个事实。我觉得我容易害羞，是因为害怕面对别人，如果别人看不到，我就不会害羞了。

刚好当时有人邀请我去做语音直播，就是那种只能听到声音，看不到人的直播。我一想，这完美解决了我的困扰呀！于是我咬咬牙，直接上了。当时我还做好了随时掐掉直播的准备，所以也没什么心理负担。直播结束后，虽然我的普通话不标准，但是我的观点新颖，所以大家都比较喜欢我。这次体验的效果跟我预期中的不一样，并没有太多人会嫌弃我的普通话问题，而我也并没有想象中那么害羞，这一切都让我动摇了自己最初的想法。

现在，我是一个至少做过几百场直播的人了，当众演讲反而成了我很享受的一件事。而且我的"广普"成为大家对我印象深刻的一个特点，而不是我的累赘。我既没有改变"觉得自己不适合当众演讲"的想法，也没有刻意去练习自己的普通话。这一切的改变，只是因为当时有个机会，让我咬咬牙上了，这一切就改变了。所以那句老话说得好：你过得不好，是因为想得太多而做得太少。

## 如何让自己在感情中不被情绪左右

网上有人提问:"如何让自己在感情中不会轻易被情绪左右?"我看到有个博主的回应挺有意思的,大概意思就是"无欲则刚,无所畏惧"。这个回答的核心逻辑是降低对他人的敏感程度和在意程度。只要我不在意,别人的言行就无法牵动我的心。

不是说这个说法不对,但它不是一个解决方案,而是一个结果。无欲则刚是做到了不被情绪左右之后的一种结果。

这种回答方式非常具有迷惑性。你一听,非常有道理。对!就是要无欲则刚。但是具体到了自己身上的时候就发现,怎么不行啊?我还是被对方拿捏着情绪呀!这样一衬托对比,自己的内心就有了强烈的无用感。道理都懂,但是自己做不到,我果然很没用。然后你就会发现,没听这个"办法"之前,你只是觉得自己有个小缺点罢了,听了之后反而觉得自己是个废物。这种直接拿结果当成解决方案的话属于听起来很正常,但是具体怎么做完全不知道,反而徒增烦恼。

能提出"如何让自己在感情中不被情绪左右"问题的人,往往是在感情发展过程中,遇到挫折或者矛盾时,做出了消极反应,导致关系恶化。关系恶化后给当事人带来了更加强烈的消极反馈,于是更加让人难受了。

就好像大龄青年在择偶问题上会更加焦虑,更加没有安全感一样。因为害怕没选对人,所以很谨慎,但又因为太谨慎,所以选不到人。这个时候大家或许会说,放轻松一点就好了。这个逻

辑是对的,但是人家就是做不到。因为人的行为是情绪驱动的,而非道理或者逻辑驱动的。而情绪的产生,又是生理性的,就跟鼻子过敏就要打喷嚏一样,没法控制。

我们是人,就一定会有情绪。你遇到挫折了会觉得自己没用,很正常;你失恋了难受,很正常;你遭遇了背叛很愤怒,也正常;你大龄还找不到对象,焦虑不安,那就更正常了。有消极情绪从来都不是问题,真正产生问题的是被消极情绪驱动所做出的行为。

很多看起来冷静的人,他们真的只是看起来冷静而已。经常会有读者问我,做你们这一行的,是不是对什么都没情绪,看淡一切?这是一种误解。普通人能够感受到的各种情绪,我也能感受到。唯一不同的地方是,我的行为几乎不受这些情绪影响。我不会因为个别人的行为极端,从而记恨全部人。我会尽可能避免让这些消极情绪干预我的行为决策。我既能作为一个人去体验人类的喜怒哀乐,但是又不会因为这些情绪而影响到我的具体行为,成为情绪的奴隶。

那么,我是怎么做到的呢?

我们先来了解一个运作原理,我们的行为是受情绪驱动的,而情绪则是受我们自己对某一事件的看法而影响的。

看到事件产生想法,想法生成情绪,情绪驱动行为。

举个例子,对象不让我看她的手机。如果我的看法是对象的手机应该给我看,否则就是不爱我,那么我就会产生对方不爱我的失落感和恐惧感,这些感觉就会驱动我想方设法偷看对象的手

机，以此来缓解我的消极情绪。如果我的看法是每个人都有自己的隐私权，对象也有，那么我就不会产生任何消极情绪，我也不需要做什么来缓解情绪。

整个过程中，事件发生是不可控的，情绪产生也是不可控的，唯有行为和想法是可控的。而想法一般源于我们在环境中接收的反馈。

我们无时无刻不生活在环境当中，很难完全避免影响。所以更有效的办法，是刻意去做一些跟之前反应不一样的行为，来反向给自己反馈，从而达到不被想法轻易影响的结果。

而你想要打破条件反射一般的反应，需要刻意练习。我分享一个自己训练并且已经产生效果的方法给大家。

> 对于已经发生的事情，在脑子里做一次推演："如果我当时……也许就……"
>
> 对于他人发生的事情，也在脑子里做一次推演："如果是我，我会……那就……"
>
> 对于能够预估发生的事情，还是在脑子里做一次推演："待会我……也许就……"

你在推演过程的时候，并没有真正处于事件当中，你是以旁观者角度推演的，所以更能摆脱情绪的影响，以更加理性的角度去分析。这种推演分析的好处是，当你积累了足够多的样本之后，你会发现再遇到类似的事件时，你更加笃定从容。

这样的练习我坚持了三年多。现在遇到挫折时,我在内心十分波动的情况下,依然能够做出一个尽可能理性、符合自己利益的行为决策。

## 怎么做才算为自己的情绪负责

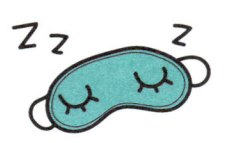

每逢突然降温的时候,我的鼻炎就会发作。有一次刚刚进入冬天时,我鼻炎发作了,加上家里阴暗潮湿,我的心情很差。

到了晚上,我突然就觉得整个人气压很低,千头万绪不断在侵蚀我,有种无理由的失落。拿起手机,又不知道刷什么好,觉得没意思。打开一直在追的剧,看了几分钟就不耐烦地关掉了。觉得做什么都提不起劲,也不想睡觉,完全不困。女朋友发现了我的不对劲,就来问我怎么了。

换作以前,我一定会借此机会,跟她解释我有多么多么难受,多么多么累。不是单纯的诉苦,而是希望她来哄我,让我开心起来。在以前,我一直觉得这就是为自己的情绪负责,但是这次经历让我明白过来,这是我在希望她为我的情绪负责。我也很清楚,她无法让我开心起来。我自己都没有处理自己坏情绪的经验,我怎么能期望她有这种经验呢?

那这次我是怎么处理的呢?

我照常去洗澡,洗完澡后,在准备睡觉的时间点,点了一份自己很喜欢吃的外卖,然后挑一部不需要动脑子思考的搞笑片,

一边吃着垃圾食品，一边看搞笑片。女朋友看出我的不对劲，也不过多干涉我，就让我自己一个人玩，她自己先去睡觉了。凌晨两点多的时候，我吃饱了，电影也看完了。整个人也开始犯困了，一开始那些无力感也消失了。然后我就上床睡觉去了，睡醒后，整个人也不受前一天的情绪所影响。

我总结了一下，在我的行为模式中，当我出现坏情绪后，会有两种模式：一种是向外求，比如跟女朋友解释，就是希望她来哄我，让我开心；另外一种是向内求，就是我自己主动去做一些有缓解作用的事。

以前我一直觉得，无论是向内求还是向外求，都是为自己情绪负责的表现。但经历过这次事件后，我觉得，向内求才是为自己的情绪负责，而向外求是让别人为自己的情绪负责。

为什么会这么觉得呢？

因为这次向内求的过程中，我能充分感受到掌控感，所有的行为都是我自己选择的，我自己点外卖、自己看剧、自己调整情绪，并且调整成功了。这一切都是我自主选择的结果，而不是将自己的需求挂在别人身上，期望别人来满足我自己。

这是我在向外求的时候，永远无法获得的自主感，也正是这种自主感让我深刻体会到，什么是为自己的情绪负责。也就是，我为自己具体做了一些事，而不是期望别人为我做什么。

在感情中也一样。比如，张三做饭的时候手抖，放了很多盐。李四吃了菜之后觉得很咸，就指责张三做事马虎不用心。张三被指责之后，觉得心里委屈，就一直解释自己不是故意的，只是手抖而已。其实张三的解释，无非就是希望李四听了之后理解自己，然后来安慰自己。这就属于在期望别人为自己的委屈做点什么，比如得到安慰。其实张三还可以立刻叫停李四说："你不要再说我，我听了不舒服，请你停下来。"

如果李四还是不听劝，依然要指责，张三可以出门，可以进房间，总之避免和李四接触，等情绪过去了，再回过头来谈论这件事本身。

如果一直解释，张三就相当于把自己喜怒哀乐的开关安到了李四身上。李四停止指责，张三才不会委屈，这多被动！为什么不自己赶紧逃离这个充满指责的环境呢？至少也算是为自己的情绪做了些事情。

如果你自己都无法为自己的情绪做些什么，别人更不会把你的情绪当一回事。

第二部分

## 如何找到对的人

― 第一章 ―

"1+1＞2" 才是对的人

"我不能没有你。""我的下半辈子就靠你了。""我和孩子就托付给你了。"你有没有听过这样的话？以上这些表述背后的潜台词是"我要来依赖你了"。

在我10岁的时候，跟着妈妈参加过一场婚礼。我还记得当时新娘的父亲说了一句话："你们今后要相互依靠，互相搀扶。"我现在觉得这句话说得真好。是啊，相互搀扶、相互依靠，而不是依赖，也不是让对方完全把自己背起来过日子。

## 依靠而非依赖

物极必反，当一件事做到极端时，就容易出现问题。依赖过度会导致分手，太独立了也会导致分手。很多博主会告诉你，在感情中要独立，自己赚钱自己花，不能太依赖别人。很多读者就会解读成一点都不能依赖对方，自己要独立。这就会出现极端依赖的对立面——极端独立。

看到这里的读者估计就困惑了：太独立了，不行；太依赖了，也不行。那么在依赖和独立之间，到底什么样的度最合适呢？

我的看法是相互成就。什么意思呢？就是，你对我有用，我对你也有用，"1+1＞2"，相比于相互依赖，我更喜欢相互依靠的说法。

从心理层面来说，当我被一个人需要的时候，我能从对方身上获得存在感、价值感，因为我感觉到了我被对方需要。比如，你不会修电脑，而我会。那么我就可以通过帮你修电脑这件事，在这段关系当中获得价值感。而过于独立的人，什么事情都自己完成，不需要麻烦别人，看似很懂事，实则抹杀了对方在关系互动中获得价值感的途径。久而久之，对方就会出现"你根本不需要我"的错觉。

从实用层面来说，对于在关系中较为独立的一方而言，就是"你对我没用，我对你有用"。这样的关系是不平等的，依赖方会不断在独立方身上获取价值，久而久之，关系的天平就会崩塌。

过度依赖则会给对方造成超负荷的心理负担。依赖方会出现一种托付心态，就是我把我的开心、难过、人生、工作、家庭都托付给你了。

一个人要全盘负责另外一个人的一生，这是何等的压力！就算是父母，也没办法从你出生照顾到你离开这个世界，更何况是你的伴侣。

还有一种比较可怕，就是彼此完全独立。毫不夸张地说，这是我认为典型的"毒鸡汤"言论之一。两个完全独立的人所建立起来的亲密关系是脆弱的，因为这两个人的分手成本太小了。说白了，任何一方的离开，都不会对双方造成很大的损失，最严重的也就是情绪上会持续低落一段时间。如果一个人用绝对的独立推开了所有接近的人，那么这个人应该认真思考一下，他是否真的想要一段亲密关系。

举个例子，我所在的一线城市中，最容易分手的往往是那些特别独立的"小中产"。这类人一般是大公司里的小主管，收入不低，工作很忙。两个人在一起，双方的收益也只会是加法叠加，你每月赚三万，我每月赚五万，我们在一起就赚八万。但是因为工作很忙，收入增长的快乐追不上情感负担所带来的压力。说白了，在一起不开心，再找一个类似的人不难，所以对他们而言，就算真的分手了，对自己的生活影响并不会很大。

而最不容易分手的，则是那些乘法叠加的人，比如，你家楼下快餐店的夫妇是最不容易分开的。可能他们一个人能赚五千，另一个人能赚六千，但是当他们在一起之后，两个人凑几万元开家快餐店，每天起早摸黑，女的接待、算账，男的做饭、买菜，分工合作，叠加在一起之后就能赚三万了。这时，所谓的性格不合，都会成为小问题。而我认为，这种关系就是相互依靠。

当然除了钱以外，可以乘法叠加的东西还有很多，比如相处模式、情绪价值、家庭背景等。最牢固的感情往往是你我皆凡

人，彼此相遇之后，互相成就，生活质量也呈指数增长。就像番茄炒蛋一样，番茄很好吃，鸡蛋也很棒。但是想要成为番茄炒蛋这盘菜，仅仅靠番茄或者鸡蛋，是达不到的。

依靠和依赖的问题梳理清楚后，我们再来思考另外一个问题，是不是完全不能依赖呢？那也不对。结合咨询案例，我分享几点给大家。

**第一，安身立命的地方，不要依赖。** 比如，没有对方你就没钱吃饭了，也没能力去赚钱了，这种就是安身立命的依赖。你得有靠自己赚钱的本事。

**第二，情绪波动的地方，不要依赖。** 比如，人家一句话、一个动作，就能让你哭、让你笑。这就叫失去了情绪自由。人家手上掌握着让你哭、让你笑的开关，多被动呀！这个开关，得掌握在自己手上。

那什么事情可以依赖呢？

**生活小事可以依赖，** 比如，让人家帮你换个灯泡、修个电脑。可能你会觉得，这些小事自己就能做，为什么还要依赖对方呢？正是因为你自己就能做，所以才要去依赖。这样的话，你们之间既可以有互动，又不至于真的陷入依赖状态。而当人家离开你的时候，你也不至于无法承受。

如果一个人离开了你，你也能好好赚钱、生活井井有条，能自己让自己开心起来，那你还会在乎对方离不离开吗？

## 伴侣不是"救世主"

很多读者喜欢问我,男朋友过节也不送礼物,是不够爱我吗?女朋友每次都不愿意哄我,是不够爱我吗?我认为不是不够爱。能不能做到一件事,不能单纯只看够不够爱。找我咨询的人里面,很多人将"伴侣没有如我所愿"这个行为,定义成了不够爱。

我们都希望自己的对象会安慰自己、会哄人,够浪漫、够体贴。但我们要知道,这些"希望"是我们对伴侣的期望,而不是伴侣的义务。

懂了这个道理后,我们再来看"伴侣没有如我所愿"这个问题。

我们先把问题拆解成三种情况。

第一,想不想做。就是做一件事的意愿如何。比如做饭这件事,我乐意给女朋友做饭吃,但是我不想给陌生人做饭吃,因为对我而言,陌生人并不重要,就不想做。

又或者这件事的性价比很低,也会出现不想做的情况。假如我一直写文章,却没人看我的文章,也没有人点赞,我每天花时间写文章却得不到任何反馈,对我而言,写文章这件事的投入和回报不成正比,我继续写文章的意愿就很低。

第二,会不会做。就跟你考试做数学题一样,如果这道题完全不在自己的知识结构中,你想做也做不了。而"哄人"这件事,有的人从小家庭环境比较严肃,爸爸从来不会哄妈妈,产生

矛盾的时候，爸爸也总是冷处理。在这类家庭氛围下长大的人，从来没有人给他示范过什么是哄人，所以压根儿就不懂哄人这件事要怎么做。在他的世界里，有矛盾时，冷处理才是正确的方式，哄人似乎是不合理的，因为他的爸妈都没有做过。

第三，能不能做。就是客观条件是否允许对方做到这件事情。比如你想要天上的月亮，这是客观条件下对方做不到的事情；又比如对方在开会的时候，是做不到边开会边聊天的；再比如你希望对象又会赚钱，又能花时间陪你，可对于大多数人而言，光是赚到钱，已经需要花费不少时间了。

以上三种情况并不是单一存在的，而是彼此之间有非常多的组合。

比如，想做但是不会做的组合。

还是拿哄人来举例子，我就不太会哄人。因为在我爸妈的相处模式中，压根儿没有哄人这件事，我能学习到的相处模式就是不哄人。以至于后来我在看电影时，每每看到情侣之间哄人的画面，我都会觉得很别扭。

因为在我看来，这不是一种正常的相处模式。这就直接导致了我和女朋友闹矛盾时，我不会哄人，而是处于"宕机"状态。我很想做点什么，让彼此的情绪回归到平稳状态，哄人似乎有效，但是具体要怎么做，我并不清楚。我想模仿电影中的做法，但是又觉得很别扭。你要问我是不够爱她吗，那肯定不是，否则我不会那么着急。爱是真的爱，不会也是真的不会。

再比如，会做也想做，但是不能做的组合。

比较典型的是房子的问题。有位来访者准备和男朋友结婚，她家里希望对方在一线城市有一套房子。而这位来访者的男朋友虽然是大公司高管，但无奈依然追赶不上大城市的房价。

对她男朋友而言，这就是想做也会做，但是短期做不到的事。他肯定想娶我的来访者，他也知道要怎么攒到首付——多多储蓄，做点理财，再奋斗几年。可是我的来访者就是希望尽快结婚，结婚了才有安全感。再怎么说，她男朋友现在也还是买不起一线城市的房子，这就是客观事实的限制。

又比如，能做也会做，但是不想做的组合。

工作中的人，面对伴侣发过来的消息，不是不能回，也不是不知道该怎么回，就是单纯不想回，想给自己留一个足够安静的空间去工作。有人可能会质疑，想要工作说一声不就好了吗？为什么不回消息呢？

这里我想分享一个故事。我之前有个女同事，工位就在我旁边，有时候我会不小心瞄到她的电脑微信聊天页面。有个人一直给她发消息，但是她一直没有回复消息。很多人看到这里，会觉得她在冷暴力。我当时也是这么想的，于是我就找机会问她。

我：谁给你发这么多消息呀？

同事：我男朋友。

我：你男朋友肯定很担心你吧。

同事：我知道他担心我，但就是不想回。

我：为什么要这么做呢？感觉他都急死了。

同事：唉，你不懂。他没什么安全感，我回一句也许他就没那么焦虑，但是后续他会发得更勤，治标不治本。我也不知道怎么解决这个问题，而且我手头上还有工作，不想一直和他扯皮下去，影响到工作。

在我这位同事看来，回复消息这件事，她可以做到，她也有条件做到，但她就是不想做。虽然回复了能缓解男朋友当下的情绪，但长远来说并没什么意义，如果因此影响工作，就更加得不偿失。

其实我们看一个人能不能做到一件事，不要只看爱不爱，还要看一个人的能力和意愿。能力就是这个人能不能做、会不会做，意愿就是这个人是否愿意去做。

有意愿，没能力，做不成。

有能力，缺乏意愿，还是做不成。

一定要综合考虑各种情况，不要觉得对方没有做到自己期望的事情就是不够爱。伴侣不是"救世主"。

## 伴侣也不需要被拯救

我做咨询这么久，听到最多的问题之一是："当男生说'我想一个人静一静'的时候，他到底在想什么？"

从男生角度告诉你，他真的就是想静一静而已。

很多女生经常会咨询我，为什么男生在遇到问题的时候，总是不愿意跟女朋友讲，而选择自己消化。"他是不是心里根本不把我当成自己人？他完全可以对我倾诉呀！"

这是一个很常见的问题。男生在遇到问题时，确实更多会选择默默承担、消化，然后跟身边的伴侣说没事，他能搞定。但是这却让女生产生了一个想法，觉得男生把她当外人了，有事也不愿意跟自己分担。这其实是一个思维误区。

我的一位女性朋友的男朋友，每次工作上遇到了挫折，从来不会跟她讲，都是自己默默承担。而女生每次总是会追问男生到底哪里不开心，可以跟她说。男生每次都会选择自己消化，总是笑笑说没事。次数多了，女生开始生气，对男生说："我在你心里一点都不重要吧？你心里有事都不愿意找我倾诉，也不愿意跟我说。"

其实，女生生气的真正原因并不是男生不跟她倾诉，而是她觉得男生没有主动把自己内心柔软的一面展示给她看，这会让她觉得自己不重要，不被男生重视。而关心男友这件事情本身，已经被自己的焦虑情绪挤开了。

首先，男生愿不愿意跟你倾诉，跟你在他心中的重要程度并无必要的关联。从成长环境和教育背景来说，男生从小就被"男儿有泪不轻弹"等言论教育，这也注定了大部分男生根本不习惯跟身边的伴侣倾诉。

其次，就算男生愿意说，如果不是他主动，你也不要强迫对

方跟你倾诉。你看到他很难过，你很想安慰他，然后你就去安慰他，希望他跟你聊聊。但是你有没有思考过一个问题，此刻他想要的是什么呢？是倾诉，还是一个人静静呢？你觉得他难过了，作为女朋友，必须得做些什么，那就安慰一下他吧！但是你有没有考虑过对方是否需要被安慰？没错，他现在的确很无助，但是并不代表他现在就一定需要你的安慰。

除非对方明确告诉你，他需要你的安慰，或者你在安慰对方的时候，对方没有马上叫停。否则请不要刻意去安慰对方。

那是不是完全放任不管呢？也不是。

当对方焦头烂额的时候，你可以冲一杯热牛奶放在他面前，拍拍他的肩膀，以示鼓励；你可以站在他身后，不用说话，帮他按按肩膀、按按太阳穴；你还可以切好一些水果，拿到他身边给他。这些行动，也都是在表达关心。作为男生，我不开心的时候会觉得这些动作比任何问候都更能舒缓我内心的焦虑。反而是一个劲问我怎么了，并不会让我的情绪有所缓解。有时候我需要的是一个安静的环境和一个默默支持我的人，就很满足了。我觉得这才是真正的设身处地、感同身受的关心。

你需要倾诉，我随时都在；你不需要的话，我就默默支持你。这种程度的安慰，才是真正让人舒服的安慰。

认为伴侣需要自己来拯救的关系中，还会存在一个问题，就是会过度溺爱对方。

溺爱的"溺"字，其实就有淹没的意思。溺爱是无底线对一个人好，尽最大可能去满足对方，将满足对方这件事放在第一

位,高于满足自己的位置。有些影视剧和小说会歌颂这种无底线对人好的行为,导致很多人觉得,有个男朋友无条件对自己好,为自己付出一切,是一件很浪漫的事情。

每次看到这样的关系时,我都觉得很可怕。因为这本是一种不健康的相处模式。在我看来,任何过度委屈自己去满足他人的方式,都不值得歌颂。

有个读者在亲密关系中,就是如此溺爱她的男朋友,前前后后为了他花了十几万元,帮忙还了贷款,还给他买了很多游戏机。但是她自己却欠了好几万元的信用卡债,以为这样可以让对方留在自己身边。这是一种不合理的付出,宁愿自己欠钱,也要去满足对方。这种宠溺的背后是一种控制。这类人会对你无条件包容,但要求是你只属于他一个人。

当你谈恋爱的时候,发现一个人对你特别好,好到让你自己都有点不舒服,这时你就需要警惕了,这个好是有条件的。比如,有的男生会特别在意女生,甚至洗澡的时候都带着手机,就是为了及时回复对方的信息。这种行为看似甜蜜,实则是一种隐形控制。他们的心理往往是"我对你这么好,你就得专属于我"。然后他们会在互动中有意无意表现出"你得好好陪我聊天,因为我洗澡的时候都陪你了"的态度。

这时,溺爱就成了一种控制伴侣的手段。溺爱除了会让伴侣感到被控制以外,还会让对方逐渐变成一个不懂得边界感和责任感的人。溺爱伴侣,你得到的不是一个因为感恩而更爱你的人,而是一个将你的付出当成理所当然的"巨婴"。因

为你在对方本可以自己承担问题的时候，选择伸手过去帮对方接下这个担子。久而久之，人家就会认为这个担子本该在你身上。

这样的溺爱，将对方捧在手心上仔细呵护，让对方不用去思考成长的课题。一方疯狂付出，另一方只顾着享受付出。付出的一方会随着自己的付出，越来越多地投入，抽离成本变大，渴望回报的欲望变强。而享受的一方则将这一切的付出理所当然化。就像一个疯狂加班希望多赚点加班费的打工人遇上了一个将加班当成福报的老板一样。这始终不是一种可持续发展的亲密关系。

那么我们要如何停止溺爱？

1. **停止特殊化**。我在网上看到一种言论，"如果我有两个鸡腿，我都会给你吃，我只吃你剩下的鸡骨头"。这种心态就是将对方特殊化了。你把对方当成了"男神""女神"，潜意识里觉得对方高高在上，你需要去供奉才能获得和对方继续保持关系的机会。

停止特殊化就是你要意识到并把对方当成一个普通人，跟我们一样，有喜怒哀乐。

2. **停止帮对方承担他们自己的责任**。溺爱中最危险的行为，就是去替对方承担他们本该承担的责任，导致他们以为自己根本不用去承担责任。

就像一个人不开心，那么让自己开心起来是他自己的责任。你作为伴侣的责任，最多就是去分担对方的情绪，辅助对方开心

起来。一旦你将"让对方开心"这件事的责任放到自己身上,那么时间久了,对方就真的会觉得,你必须哄他开心。

要记住,溺爱不是在爱人,是在害人。

## 第二章

## 反 PUA\*指南

\*  PUA 是英文短语"Pick-up Artist"的缩写,原意为"搭讪艺术家",最初目的是帮助部分男性学会吸引异性、确立关系的技巧,后来逐渐演变为对他人进行思想控制的手段的简称。

**警惕逼你"自证清白"的人**

当你在一段关系中，总需要去自证清白时，很可能已经走进了他人为你设定好的圈套。以下的例子中包含了这种隐秘不易察觉的心理控制手段，我分享出来给你避坑。

事情是这样的：一个读者因为工作业务上的事情跟前男友联系上，顺便吃了顿饭。因为是她有求于前男友，于是这顿饭是她请客。但尴尬的是，她支付时不小心用了现男友的亲属卡。现男友知道后，歇斯底里地一口咬定这个女生就是跟前男友去开房了。

女生为了证明自己是清白的，不断去解释。她晒出吃饭的小票，可男朋友说，这是你们开房之前吃的；她让男朋友查她的手机消费记录，他说是前男友开的房；她给身份证让他查开房记录，他说这么自信肯定是去前男友家里了。到最后，男朋友说："哪怕你真的没有去开房，但是你没有提前告诉我，说明你就是有想法。"女生开始怀疑自己是不是真的哪里没做对。

这个逻辑你看明白了吗？不管有没有证据，先一口咬定你有问题。然后让你证明自己没问题，你要是证明不了，那么你就是有问题。

只要你开始尝试跟对方解释，你就掉进坑里了。一旦你的解答跟不上对方的质疑，你就输了。这是一种典型"无法自证清白就是有罪"的思维方式。就好比我在大街上污蔑你偷了钱，然后道德绑架你解释，如果你解释不清楚，你就是偷钱了。你就被我控制，不得已要解释了。

这是一种非常隐晦但是可怕的心理控制术，操作起来也很简单，只需要做到三点：

第一，站在道德制高点；

第二，强行质疑你，让你来解释；

第三，对你的解释继续反驳和质疑，不管逻辑是否合理，只管质疑。

只要你开始解释，这个控制手段就自动生效了。而控制的目的是让你顺应对方的标准。比如，小时候父母觉得你太调皮，不好好学习，于是他们说你不听话、不乖。你怎么解释都不对，只有当你按照父母的标准去做，好好学习的时候，你才是乖的、听话的。

而在亲密关系中，一般习惯用自己的标准来要求别人的人，最喜欢让别人自证清白。比如，面对"你回消息这么慢，就是对我不上心了！"这种质疑，只要你开始解释说是工作太忙了之类的，很容易就被对方顺杆爬继续提出质疑："果然是不上心了，

我还没有工作重要!"到最后,你发现似乎解释不通了,甚至都开始怀疑自己是不是真的不上心了。于是,你只能无可奈何地选择及时回复消息这个方案。

万一真的遇到了这种强盗逻辑时,怎么办呢?**最重要的一点就是,千万不要去解释,一旦你想着自证清白,你就会掉进对方的坑里。**不要想着解释太多,要跳出质疑本身,从更加宏观的角度去解决问题。就拿本文开头的案例来说,如何跳出质疑本身呢?

首先,摆出客观事实,就说:"我没有和他发生任何肉体关系,你也只是猜测,没有实际的证据。"然后跳出质疑,提更加宏观的问题,就说:"更让我担忧的是,你会第一时间质疑我,我在想,我们之间的信任危机是从什么时候开始的?"

这就成功将质疑从自己身上转移到了感情本身。我之前因为房屋租赁纠纷打过官司,在查阅相关法律资料的时候,学到了一个知识:**谁主张,谁举证。**谁质疑,就让谁拿出证据,而不是由你来自证清白。这是摆脱道德绑架最简单的办法。

## 如何避免情感成瘾

我曾经接过一些感情修复的咨询,真的挺让我揪心。有一个男生虽然没有跟我做咨询,但是他的表现让我印象深刻。因为他的表现里,几乎集合了在挽回行为中不能自拔的人的经典表现。

他当时满脑子就在想,如何让对方回复自己的微信。我说对方回不回复不重要,关键要找到问题的核心。他说好,那怎么让她回复呢?我说即使对方回复了,你们也还是复合不了。他说我知道,她还会回复我吗?

这就是典型的成瘾。对方的"回复",已经成了成瘾的激发点。因为只要回复了,他的焦虑就能缓解,会很舒服。但是如果对方不回复,他就会非常焦虑,痛不欲生。

这种表现在亲密关系中,常见于忽冷忽热的模式。很多人会将因此产生的那种"欲罢不能"的感觉,当成一种爱的感觉。那不是爱,而是成瘾后的戒断反应。

无论是实施忽冷忽热模式的人也好,还是被挽回的人也好,我不清楚他们是否故意而为,但是他们都利用了一种成瘾手段——间歇性强化。

学过心理学的人都知道,最难戒的就是间歇性强化。间歇性强化简单点说就是对你进行不确定性奖励。

什么是不确定性奖励呢?举个例子,很多习惯玩短视频的人,只要空闲下来,就要刷一下短视频。有些上瘾严重的,只要有零星时间,就要打开短视频看看。那这些人为什么非要打开手机呢?是想查资料吗?是想学习点什么吗?都不是。是想爽。因为这些人已经从刷短视频这个行为衍生出了一个观念:下一条视频会很有趣。

在这个观念的驱动下,只要你无聊了,就会打开短视频软件,去寻找"下一条"有趣的内容。而在刷的过程中,10 条中

可能只有1条内容是很有趣的，如果没有刷到，你就会努力去寻找"下一条有趣的内容"。但是只要有一条让你觉得很爽，你不但不会觉得满足，反而强化你的观念：下一条视频果然很有趣。这就是不确定性的奖励，你不知道下一次的"奖励"是什么，但是你知道一定会有奖励。在这种观念的加持下，就会让你产生一个非常可怕的心理反应，就是期待。这种期待变成极度渴望后，就成了上瘾，最终形成"我觉得刷短视频很爽—我去刷短视频—不确定性奖励果然很爽—下一条视频等于快乐—我要快乐，我要寻找下一条视频"这样一个循环。

回到文章开头，那位男生为什么如此执着于对方回不回消息这件事情呢？因为"回消息"这个行为，成了刷短视频中的"下一条有趣视频"。为了不断寻求"爽"一下，他就开始疯狂地追寻对方的回复。至于要不要复合，都是其次。这里也给大家一个提醒：如果确定分手了，不要给对方任何正向的幻想，避免让对方上瘾。

同理，被忽冷忽热对待的人也是一样。对方有时候很热情，有时候又很冷淡，这就形成了一条上瘾循环。一旦上瘾后，就会开始期待"忽冷忽热"中的"热"，甚至为了得到"热"，会不顾自己的底线，什么事情都愿意做。比如，一个缺爱的人在一段关系中，如果经常得到一些不确定性的"爱"，就会极度容易对这个提供不确定性"爱"的人持续做一些固定行为，比如无条件妥协。那么我们该如何应对这种情感成瘾的问题呢？我会从"预防"和"急救"两个角度给大家建议。

**首先是预防。你要发展更多的情感支持系统，不要让成瘾激发点垄断了你的快乐。**

其实容易上瘾的人，往往都是因为在生活中自己的快乐来源太少。习惯刷短视频的人，除了短视频，就没有其他可以让自己快乐的事情；在挽回时欲罢不能的人，除了对方的反馈，再也没有其他事物可以让他们心中泛起任何涟漪；被忽冷忽热对待的人，除了对方，再也没有其他可以让自己"心动"的人。

当"成瘾激发点"成了你唯一的情感支持，你的快乐都被垄断，你就离不开这个成瘾激发点了。所以最简单的预防手段就是从一开始就要避免"一家独大"。在上瘾之前，控制刷短视频的时间，不能让你的生活乐趣都源于短视频软件。对于未确定关系的人，不要痴迷于他们的情绪价值，保持跟关系对应的时间投入。你总不能在一个刚认识 3 个月的人身上，投入比家人、朋友还要多的时间吧？

**其次是急救。你要重新连接大脑的奖励系统。**

假如很不幸，你已经掉进了上瘾循环当中，那你要做的就是切断循环。很多人在这里踩的坑就是马上切断。比如：刷短视频不好，就立刻不刷了；眼前这个人对你忽冷忽热，你就删了他的微信。然而结果往往事与愿违，因为马上让你切断，你会有戒断反应，于是很难受，一难受就会重新去寻找成瘾激发点，反而上瘾得更加厉害。

这里分享一个阶梯式切断的办法，让你循序渐进地戒断。如果你每天都会花 5 小时在那个对你忽冷忽热的人身上，那么先不要着急马上切断,你从这 5 小时里面抽出半小时,分配去做其他事情。这个不难,只用 10% 的时间而已。然后你利用这 10% 的时间去做一些让你开心的事情,打游戏、做运动、学一门技能都行。给自己定一个目标,根据自己的耐心来定,比如坚持一星期。当目标达成的时候,奖励自己一份自己一直想买的东西,或者允许自己放纵去做一件事情。再慢慢从 10% 的时间,上升到 20% 的时间,直到最后,有新的快乐源泉时,你就不会对之前的事物上瘾了。这就是用新的奖励系统覆盖原有的奖励系统。

## 小心你的保护欲被利用

我之前有个读者,认识了一个创业男青年,刚开始接触的时候,她对这个创业男青年非常有好感。因为对方不仅颜值过关,而且非常努力,整个人积极向上,正能量满满。然而有一天,这个男生在晚上 11 点约了她出来喝酒。她当时马上就答应了,因为太奇怪了。以她对这位创业男的了解,他这个时候要么在加班,要么在家学习。见面后,几杯酒下肚,这个创业男做了一件我听了非常震惊的事情,他在我的读者面前哭了……一边哭一边说,其实这几年来,他一直很累,每天都工作到很晚,加班熬夜到胃痛也是自己一个人去医院,从来只有自己一个人在承担这一切。情绪高涨的时候,他突然安静下来,也不哭了,淡淡说了句:"我没事,今晚情绪有点控制不住了,现在好了,谢谢你。"

说完头也不回地走了,还顺便把单给买了。经历了这件事之后,我这位读者就彻底沦陷了,开始心疼他,觉得自己有拯救他的义务。

听到这里的时候,作为局外人的我,已经看清楚了,这是"套路"。而我的读者,保护欲已经被完全激发,深深沦陷了,每天都找他,担心他有没有好好吃饭,工作累不累,需不需要人陪。

大家肯定会好奇,为什么她会这么容易就爱上对方?这个"吸引"的过程,其实这是一种手段,利用了人类保护弱者的心理。一开始,他通过面对面接触、朋友圈打造等各种手段,营造一个"新时代好青年"的正能量形象。等对方建立好这个第一印象后,找一个机会向对方展示自己的柔弱,可能是哭泣、诉苦,甚至编造一个悲惨的故事,从而形成一个跟之前正能量形象反差巨大的悲惨形象。通过让对方体验这种巨大的反差,产生一种"他好可怜,我有责任保护他"的心理。

生活相处中不断地用这种反差效果来冲击你,最终你就会欲罢不能。这里有个关键是,前期的正能量形象必须建立好、做到位,不然后续的一切操作都没有意义了。就好比,你在大街上看到一个乞丐,你看他有点可怜,会稍微动一点同情心。但是如果有人告诉你,这个乞丐之前是富豪,对妻子很好,可是妻子跟第三者一起把他的钱都骗走了。这个时候,你的同情心就会大爆发,觉得他很可怜。如果这个同情心激发得到位,你甚至会产生一种"我必须保护他"的错觉。

这是一种非常可怕的手段，**一旦你掉进了对方为你设好的套路，你就真的会以为自己应该对对方好，无论对方怎么伤害你，你都觉得他是因为可怜才会这样。**

怎么理解保护欲呢？**过度的同情心，就是保护欲。** 为什么会有那么多人追求所谓的保护欲呢？不是因为他们真的善良，其实保护欲泛滥的背后，**他们真正追求的是掌控的愉悦感。本质上来说，还是在满足自己的私欲。** 有一些情商高的人，就能洞察到大家的这个需求，然后抓住这个需求，从而实现对你的情感操控。当你上套之后，就会激发你的同情心，同情心慢慢地就会转变成无底线的怜悯。接着你就会做出很多匪夷所思的事情，比如为了他人放弃自己的利益，比如说出"他太可怜了，我无法离开他"的话。

## 第三章

### 如何挑选适合自己的人

## 择偶实践指南

曾经有一位读者向我诉说:"我 1982 年生人,离异带个女孩,有套一般的楼房、一辆一般的车,长相中等偏上,气质也中等偏上。找对象如果找一个带孩子的,我不乐意,因为那样还不如娘儿俩过。找个不带孩子的,人家不一定愿意。我不知道自己应该找什么样的,不知道自己到底还要不要找了。"

我把当时给她的回答写下来,分享给你。

其实我最害怕回答这种影响他人人生抉择的问题。我没资格告诉你要找一个什么条件的人过日子,毕竟最终过日子的是你自己,不是我。不过我可以给你一些思路。

第一,先确定你的择偶标准条件究竟是什么。不用管找不找得到,也不用管是否符合世俗标准。比如,你希望找个不带孩子的,然后再附上一些对年龄、工作等的基本要求。

筛选完条件后,你会得出一个相对具体的未来老公形

象，然后投入到婚恋市场中去相亲、去接触男生。投入1~2个月，你大概就会知道，自己的条件能否匹配到自己想要的条件的男生了。

这么做的原因是，让你进入真实的环境中去体验现实世界。一直想，你会发现全都是问题，得做起来，才能有出路。

第二，筛选出你最不能接受的对方的一个缺点。操作起来也不难，拿出一张纸、一支笔，然后写上"我不能接受老公会有的缺点"。在标题下面，发挥你的想象力，写上你所有不能接受的缺点，能写多少就写多少，写到你写不出来为止。彻底写不出来之后，开始从这些缺点当中去掉一些你稍微还能容忍的缺点，直到只剩一个缺点，那么这个缺点就是你最不能接受的点。

这时，重新投入到婚恋市场中，只要没有踩到这个最不能接受的缺点的男生，都可以尝试接触一周。还是同样的逻辑，尝试1~2个月，你基本也能知道自己在最低要求之下，能否在婚恋市场中匹配到适合的人了。

以上第一条是找相对理想的对象，通过实践去观察是否有合适的人选；第二条则是找一批符合最低要求的对象，通过对比来筛选出相对靠谱的对象。

顺序是先遵循第一个思路，万一运气爆棚真遇到了，那也是好事。如果尝试了两个月，发现匹配不到，那么接受现实，开启第二条思路，用最低要求来找找看，因为要求降低了，理论上来说，能被筛选出来的男生数量会增加。接下来

就是从筛出来的这群人中，选一个你觉得最符合的人选，再相处看看。

基本这两条思路操作下来，你会对自己跟客观世界有一个基本的认知，这样可以避免出现自我认知跟不上需求的情况。就好比你想要天上的星星，这个需求没什么错，每个人都有追求美好的权利。但现实就是，没人可以摘下天上的星星，这是物理规则下不能打破的事实，也要尊重。

到了这里看起来似乎别无他法了。不怕，我还给你预留了第三条思路。思考一下，你自己想要找个对象的真实欲望是什么？比如你要天上的星星，这不是欲望，而是解决方案，通过摘下天上的星星，可以满足自己的某些欲望。那么你想找个过日子的对象，这个解决方案背后对应的是什么欲望呢？是为了以后有个伴，满足陪伴欲望，还是为了有个人来跟自己共同面对这个世界的困难呢？

当你梳理清楚后，可以做两件事。

第一件事就是，思考是不是除了找个过日子的对象以外，就没有其他可以满足欲望的可替代解决方案了。第二件事就是，若实在找不到可替代的解决方案，就思考一下，为了满足自己的欲望，你能够付出多大的代价。因为这个世界上不太可能存在只有收益，没有风险的事情，这个代价，就是你需要考虑能否承担的。

按照以上思路走完一次流程，我相信你会对这个问题有更加清晰、客观的看法。

## "对我好"只是最基本的

最近得知了一件挺令我感慨的事情。原来真的有很多人因为"对我好",而选择跟对方在一起。为什么说刷新我的认知呢,因为在我的观念里,"对我好"属于一个基本条件。为什么有人会因为一个基本条件,就选择和对方在一起呢?

我从来不会认为,"对我好"是一件值得去特别对待的事情。如果你是我的伴侣,那你对我好不是最基础的事情吗?有一个女生,她的男朋友沉迷游戏,快30岁的人,还要女生养着。身边所有人都劝她分手。她总是答复:"可是他对我很好。"这从侧面反映了一个问题:很多人并不懂得如何挑选伴侣,所以选择了大众认可的一些答案,比如"对你好的男人才是好老公""男人不给你钱花就是不爱你"等。千万不要因为一个人对你好,或者有钱、工作背景好,就选择跟对方在一起。那么该如何判断眼前这个人是不是一位合格的伴侣呢?我给大家三点参考建议。

第一,情绪稳定。

"我情绪非常稳定,我从来不会生气。"很抱歉,这并不是情绪稳定,这是压抑情绪。我认为情绪稳定是指一个人可以快速识别自己当下的情绪,并且有能力将当下的情绪疏导抽离,不让这种情绪影响到自己和他人。

一个情绪稳定的人,必然是一个高情商的人。很多人觉得高情商是会来事、会看眼色,其实,情商是指一个人感知自己和他

人情绪，管控自己和他人情绪的一种能力。

一个情绪稳定的伴侣，无论在吵架时还是在沟通时，都能更好地应对，不至于让状况发展到不可逆转的境地。在工作中，情绪稳定的人也能更好地应对压力，更加游刃有余地处理工作，做决定的时候也不至于让自己处于非理性状态。

第二，真诚。

如果让我给伴侣的性格品质做一个排名，我心中的第一名一定是真诚。我指的真诚，是能够表达真实的自我。当感情出现矛盾时，要做的是尽早暴露问题，然后处理矛盾。就像病了就要早发现、早治疗一样。

而真诚的人，具有一种能够"暴露矛盾"的能力。因为这类人从不隐藏自己的内心感受，会直白地表达出来，发现彼此感情出现了问题，他也会直接表达出来。不真诚的人则会选择逃避，假装看不见，隐藏这个矛盾。

跟真诚的人吵架，你会发现虽然吵得非常激烈，但是吵完之后，能够发现矛盾在哪里，也能及时处理，感情反而变得更好了。但是跟不真诚的人吵架，你就像一拳打在棉花上，使不上力气，对方总是回避，总说"没事啦，会好的"，看似处理了矛盾，实际上却在酝酿一个更大的矛盾。

真诚的人能够表达真实的自我，说明他能够接受真实的自己。这类人更加接纳自己，也更加自信。而且真诚的人会更加容易快速跟他人建立深度亲密关系，敢于暴露自己，让对方主动来了解自己。

第三，开放。

其实我想要表达的是，一个愿意被他人影响的人。这类人不是固执的人，他们会拥有更多的开放性，能够接受更多自己认知以外的事情。

这有什么好处呢？

第一个好处，能赚钱。人与人之间的一个主要区别在于思维的区别，而开放的人思维非常活跃。他们有一种绿灯思维，对所有新奇的东西，都愿意观察、学习。他们知识结构更加丰富，赚钱对他们来说，并不是什么特别难的事。

第二个好处，能自我进化。比如，你们因为性格不合的问题导致感情破裂。固执的人会觉得，从根本上来说，性格不合已经没救了。而开放的人则会思考，有没有一种能够让性格不合的人和谐相处的模式呢？然后去找资料、学习，最终修复了这个矛盾。面对困难时，有时候不是没办法，而是办法就在你面前，但你不想去了解。

以上就是我的三点参考建议。如果你发现你的伴侣并没有满足以上三点，不要急着分手。能同时满足这三点的人本身已经非常优秀，即使能够满足其中一点，都是一个不错的伴侣。两个人彼此督促成为满足三点的人，概率或许比遇到一个满足三点的人更大呢！

## 一个识人小技巧：看对方讨厌什么

有个朋友想追一个女生，来问我怎么办。我就问他："你对她了解吗？"然后我朋友就噼里啪啦跟我说了一堆女生的爱好。看得出来他很用心，他跟大多数人喜欢一个人之后的表现差不多，就是习惯去观察对方到底喜欢什么。后来我对他说："不妨在研究对方喜欢什么的同时，花点时间去观察一下对方讨厌什么。"

为什么要去研究对方讨厌什么呢？只看喜欢什么，有很强的误导性，不能了解真实的对方。因为"喜欢"比"讨厌"更容易伪装。比如，遇到新认识的人问我，平时有什么爱好消遣，一般我会说看书、运动。但实际上，我更上瘾的是刷短视频、打游戏。"喜欢"这个行为一定程度上代表着品位，如果在刚认识的人面前说我喜欢刷短视频、打游戏，多少会显得我的形象不太好。有时候我会故意隐藏一下，等熟悉亲近后才会慢慢展示出来。但你要是问我，你讨厌去运动还是讨厌玩游戏，那我肯定讨厌去运动多一点。所以看我讨厌什么，可以更加精准识别出我的真实爱好是什么。

为什么"喜欢"比"讨厌"更容易伪装呢？因为"喜欢"是积极的情绪，对本人没什么消耗，可以轻松伪装。但讨厌则是一种消极的情绪，对本人存在巨大的消耗，很难隐藏。讨厌实实在在引起了你的不适感。工作中、生活中，当讨厌一个人的时候，几乎都把"讨厌"两个字写在脸上了，真藏不住。我可以正

儿八经地装得很喜欢看书和运动的样子，甚至喜欢什么书、喜欢什么作者，我也能说得头头是道。但是当我真的独自一人去看书的时候，其实我很难坚持1小时以上，一般看半小时左右，我就要停下来"摸鱼"了。但是打游戏就不一样了，我分分钟能玩一个下午。如果没人管我，那玩一整天也可以。在识人这方面，不要单纯通过观察对方喜欢什么来增加了解，也可以适当观察对方讨厌什么，这样能更加全面、真实地了解对方。

重点来了，怎么观察呢？分享一个小技巧：观察对方讨厌什么行为。之前我有个同事一直说喜欢狗，可真的开始养狗之后，他从来都不遛狗，平时也不乐意花时间和精力去管狗的大小便，就连狗不能吃太咸这么基础的知识都不了解。

如果跟他相处，你只听他的一面之词，加上你没有养狗经验的话，你很可能就会觉得他很有爱心，爱小动物。但实际上，他喜欢狗给他提供的情绪价值，但是讨厌照料狗的过程。

我再举个简单的例子，有的人会在相处初期说，谈恋爱我希望两个人能够好好沟通，不要冷战。你一听，真好，我也讨厌冷战，喜欢多沟通。可是当你们两个人真正面临吵架时，对方就先冷战了。所以说，喜欢什么，误导性真的很强。或许这个人真的喜欢好好沟通，但是不妨碍他更讨厌直面矛盾。听一个人讲话，不能光听对方说的部分，也要听没说的部分，这样会更加真实、全面、客观一些。

## 了解一个人是有秘诀的

大家对了解一个人的方式，存在很大的误区。有个读者咨询的时候说了一句话："我跟他认识的时间不长，不是很了解他。"然后我就问她："难道你们相处久了，你就会了解他了吗？"她疑惑地看着我，反问："难道不是吗？"如果你觉得这句话没什么毛病，说明你对"了解"这件事，不是那么了解。

了解一个人，跟时间无关。并不是说你跟一个人接触的时间越久，就等于越了解对方。这个因果关系不成立。

举个例子，你有一个小学同学，至今为止，你们已经认识12 年了。每年过年的时候，你们会聚在一起喝喝酒、吃吃饭。这个时间够长，你也够资格说了解他了，但是，你肯定没有信心说你对他的了解程度能够超过他谈了两年恋爱的女朋友。

那么了解，到底跟什么有关呢？了解跟经历有关。怎么才算是了解一个人？就是了解他的性格。性格的外在体现就是一个人的思维模式和处事方式。

而塑造一个人性格的是什么？是他的经历。同样地，一个人的经历也会反映出这个人的性格。一个经过刻意训练的人，是可以在短短几小时内快速了解一个陌生人的。当你能够深刻了解一个人的时候，建立情感链接这件事情，就会显得非常简单。

了解一个人的整个过程会很复杂，需要破冰，需要建立信任，需要引导思考，需要共情，需要挖掘，甚至还需要你有很强的记忆力，能够记住对方不经意间说出的细节。但核心还是在于

经历。

当一切都准备就绪的时候,我会通过谈话、聊天开始挖掘对方的经历。下面的方法,大家也可以参考使用。

当对方开始分享自己的经历时,你需要去提问细节:

你做了什么事情?
你为什么会这么做?
当时的感受是什么?

三个问题都了解完之后,我就知道了对方经历的事件、情绪、动机。很多人遭遇一些不美好的事件时,潜意识会选择遗忘或者美化这件事,所以如果你仅仅通过对方的言辞来了解一个人,有时候是不真实的。

举个例子,对方分享了自己在初中时暗恋一个女孩子的经历。当你尝试问他那三个问题时,你就会发现"新大陆"了。

暗恋期间,你做了什么事情?
默默给她买早餐,送她一个铅笔盒。
表白了吗?
没有。
你为什么只对她好,不表白?
那时候很傻,觉得只要对她好,她就会被我感动。
你当时的感受是什么?

说实话,很愤怒也很委屈,委屈对方为什么看不到自己的付出。

到此,你就知道了,他有默默付出的讨好习惯。这时候,你只需要调侃地拍一下他的肩膀,然后说一句"放心,我不会忽视你的付出",你在他心中就是天使般的存在了。当然,你最好也说到做到,不然你就只是个言语骗子了。这就是了解他人经历的办法。

还有一个办法,就是一起经历。你们两个人一起经历的事情越多,就会越了解彼此。因为经历的过程中,需要对不确定的环境做出应对,在应对的过程中,你就会发现一个人的思维模式和处事方式。

为什么说结婚之前,两个人一定要去旅游一次?因为在旅游的过程中,会遇到很多突然冒出来的麻烦事。在应对这些麻烦事的时候,就会真实地体现出一个人的本质。

有时候,你对你认为的"了解",并不了解。

## 一个判断对方是否尊重你的细节

对方是否会对你,或者对你身边的人,甚至是陌生人评头论足?如果一个人总是习惯评价这个人胖、那个人丑,那么这个人就有物化别人的可能性。请注意,是习惯去评价,偶尔的评价不

用太急着下定论，因为完全不去评价他人的人太稀罕了。

如果一个人在你心中的印象就是一个总是评价别人的人，那么这个人就要谨慎对待了，也许这个人的字典里压根儿没有"尊重"两个字。

有个读者跟我说，跟男朋友坐高铁回家的时候，她因为手机没电，就找旁边的女生借了充电宝，顺势就跟这个陌生人聊了起来，发现是同校的校友，而且两个人特别投机，就一直聊了下去。男朋友发现后很不高兴，还偷偷跟她窃窃私语，觉得她太相信陌生人了。她跟这个女生正准备加微信，男朋友受不了了，当众对着她喊："你有病吗？还回不回家了？"后来两个人上了出租车，她男朋友就一直骂她，说她不懂事，太随便相信别人，容易被人骗了，还说她没脑子。我这位读者当时一直不说话，直到下车之后才对他说："别当着别人面这样对我说话，这样很丢人。我不喜欢这样，我很不舒服。"她男朋友竟然回怼："不舒服什么，你本来就是笨。"绝对不是开玩笑的那种语气，而是恶狠狠的样子。后来她去了男朋友家里，才知道为什么她男朋友会如此奇怪。原来他的爸爸也是这样对他的妈妈，当时她就觉得，她绝对不要成为他妈妈的样子。

这位读者跟我讲述的时候，其实已经可以非常明显感知到，她男朋友对她不尊重了。随意评价他人，本质上是渴望将对事物的价值定义权把控在自己手上，觉得别人的好坏善恶应该由自己的评价来定义，别人的品位喜好也应该遵从自己的标准。

尊重的前提是认为"我们都一样"。但总有人想通过评价

他人来彰显自己与众不同。如果你发现你的对象有根据别人的身体特质起一些带有侮辱性外号的习惯，比如看电影时会根据角色特征起外号，像"死胖子""坦克"之类的，那么你就要注意了，对方能在你面前随意评价他人，也有可能在他人面前随意评价你。

## 谈恋爱是为了结婚？很多人都搞错了

先明确一点，谈恋爱不是为了结婚，而是为了判断对方适不适合结婚。你哪能保证一次恋爱就命中，两个人就能愉快地结婚呢？很多人的想法是"你不打算跟我结婚的话，我怎么可能跟你谈恋爱"，可事实上，人家不跟你谈恋爱，又怎么知道你适不适合结婚呢？

结婚不是谈恋爱的目的，而是谈恋爱的结果。就像拿高分也不是模拟考试的目的，而是模拟考试之后的结果。模拟考试的目的是检验你还有哪些盲点没有复习到位，辅助你去查漏补缺。同样地，谈恋爱也不是为了结婚，而是为了看你们有没有能力去解决相处时会产生的矛盾。

谈恋爱就是一个培养"发现矛盾，解决矛盾"能力的过程，当你有了这种能力后，你才有底气去结婚。你跟一个人谈恋爱，有时会发现时间久了就不舒服，对方好像变得不爱自己了，沟通变得很难，甚至变成了假性亲密关系。这些都是关系矛盾的外在

表现，你们要是没能力处理这些矛盾，矛盾就会慢慢发酵，直到最后两个人分手。关系没了，关系矛盾自然也就消失了。

你跟一个人谈恋爱，你发现很舒服。觉得舒服，是因为你或者对方有能力去处理矛盾。甚至你们两个人找到了一种大家都舒服，又能处理矛盾的方式而已。而这种能力是后天习得的。有的人需要谈几次恋爱才会觉醒这种能力，有的关系需要磨合一两年才会找到双方都接受的方式。

恋爱可以用来试错，但是婚姻不行。恋爱只是你们两个人之间的事情，发现不行了，反悔的成本很小，可婚姻的成本就太大了。当一个人以结婚为目的去谈恋爱，会发生什么？因为太渴望结婚了，目的性很强，目的性很强带来的外在表现就是需求感很强，强到会选择忽视关系中存在的矛盾。

我有一位读者，30岁没有结婚，身边朋友们的孩子都会"打酱油"了，自己还在相亲。环境的影响加上父母的催婚，导致她对结婚这件事特别渴望。这份渴望带来的影响就是，只要在相亲中遇到一个感觉还不错的男生，她就会急于订婚，担心不抓住这个人，就会错过了。其实她所谓的感觉不错，也仅仅是这个人眼缘不错、工作不错，其他的细节一概不知。

用她的话说，这些都可以等结婚后再慢慢去磨合。而她这份渴望，也被男生觉察到了。男生就利用她这份渴望，进行"杀价"，提各种要求，说自己没钱，不想办婚礼，简单领个证，双方吃顿饭就好。她其实很希望有一场美好的婚礼，但是因为过于渴望结婚，又害怕失去这个"感觉不错"的男生，就妥协了。到

了这里,其实结婚就已经成了她的一种执念,用她朋友的话说,人都魔怔了。

你可以为了结婚这个目的去牺牲自己,觉得自己很伟大,为爱情牺牲了很多。但这些只是自我感动。你能为了这段感情去牺牲自己在意的东西,并不代表着你就具备了解决关系矛盾的能力和经营亲密关系的能力。

就算真的结婚了,决定两个人能否走下去的不是结婚证,也不是自己为了关系付出的程度。真正决定两个人能否走下去的是两个人经营关系的能力和解决矛盾的能力。如果没有婚前谈恋爱这段经历来检验你们是否有这种能力,也没有刻意去锻炼这份能力,那么婚后,你拿什么去维持一段亲密关系呢?

## 看缺点,而非看优点

聊得来、情绪稳定、肯沟通这些品质,相信大家都听无数人讲过,我就不画蛇添足了。这里我想分享一个大家很少会认真思考的择偶标准:不要总盯着优点,尝试盯着缺点。除了优点以外,你更需要思考的是你最不能接受对方身上有什么缺点。

时不时会有一些读者来问:"A 对我很好,B 经济实力更强,我要选哪一个呢?"面对这种两边优点都很难取舍的选择,我一般给的建议是:谁的缺点你更加接受不了,你就不要选谁。我觉得一个能够思考自己在感情中不想要什么的人,才算是对自己真

正了解的人。

我问过很多来访者一个问题:"你想要找一个什么样的人?"大多数人的回复往往都是聊得来、包容我、情商高、有经济实力。这些条件,大家都喜欢。因为不了解自己想要什么样的伴侣,那么只能选择最低风险的条件。

我之前为了调研一些课题进了相亲群,里面很多人在发自己的择偶标准。唯独有一个女生很特别,她就提了一个要求:"我没有安全感,我想找一个听话的男生。"她不提其他的要求,因为她知道,自己最受不了男生在关系中太过放飞自我,她需要在感情中有绝对的控制权,以保证自己的安全感。姑且不谈她的控制欲对不对,她至少意识到了自己有控制欲,并且在择偶标准上,也明确了要找一个甘愿听话的男生。

有句话是这么说的,"我不知道自己想要什么,但是我知道自己不想要什么"。其实我觉得,不想要什么,也算是侧面知道了自己要什么。就跟我们做选择题用排除法一样,排除掉错误的答案后,剩下的就是正确答案。而自己不想要的品质,就是错误答案。

我买东西有个习惯,只要眼前的产品能满足我的最小需求,并且在预算范围内,我就不会再挑其他的产品。比如之前买备用手机,我的要求就是电量耐用。我最接受不了的是电池不耐用,需要一天一充。于是我随意进了一家手机旗舰店,发现有一款主打大电池容量的手机,价格符合我的预算,我就立刻下单。我也不管是不是有更好的选择,比如更大的屏幕、更

强的性能、更好看的外表。那些条件有的话自然好，但是超预算了，我也不会考虑。因为我的需求是找一部不需要一天充几次电的手机，而多出来的条件，像更大的屏幕，这些就属于我的欲望。如果为了满足我的欲望，买了更大屏幕的手机回来，岂不是反过来压缩了我原有的需求？因为更大的屏幕耗电也会更厉害。

我也见过很多人，本来只是想买一辆家用代步车，最后选着选着，为了面子，买了一辆完全超出自己预算的车。面子是有了，但是因为还款压力的增加，保养费用的增加，日常油费的增加，反而搞得自己生活质量降低。买车的初衷是为了让生活更好，现在反而增加了自己的生活压力，岂不是本末倒置？

同理，你也不能要找个既有经济实力又愿意顾家的人，或者要找一个很好看、很会提供情绪价值还很专一的人。这些条件大多数时候是对立的。在目前的社会上，想要经济实力，那么时间就得被压缩掉。虽然不绝对，但是既有能力赚钱，还有剩余时间的人，毕竟是凤毛麟角。

回到挑对象这件事上，如果有一个人最大的缺点你都可以接受，那么你应该多去接触他。因为这个人的最坏一面你都能忍受，基本你们也不会有什么大矛盾。千万不要因为一个人很帅、很有钱就放弃自己的底线，哪怕对方身上的缺点接受不了还依然选择陷进去。

你婚前都接受不了的缺点，婚后只会更加接受不了。我们挑对象，要找一个最合适的人，而不是找一个最好的。最好但是不适合你的人，反而会消耗你的人生，因为你舍不得，又受不了。

### 看一个人的脆弱模式

过年是相亲高峰期，挺多人相亲后来找我问得最多的问题是不知道眼前这个人是否靠谱，所以我有必要分享一个不会踩雷的看人技巧。

曾经有个朋友跟我"吐槽"，当初跟她老公结婚，就是图他对自己好，加上他没有什么不良嗜好，不喝酒、不抽烟，就觉得这个人靠谱。没想到结婚生小孩后，各方面的花销都变大了，生活压力一下子就大了。但是他一句"没钱"就不管不顾了，真没想到他是这样的人。

这是一个在婚姻咨询中挺常见的情况。婚前觉得这个人不错，但是婚后就会觉得对方这也不行，那也不行。为什么会出现这种情况呢？这是因为很多人在找结婚对象这件事情上，依然沿用谈恋爱找对象的逻辑，比如只看感觉好不好、对自己好不好等。对于婚姻经营来说，这些是远远不够的。那要看什么呢？

心理学上有一个统计，是看什么样的人更容易离婚。最终结论是看一个人在脆弱模式下的表现如何。简单点说就是看一个人在遭遇压力时的状态，以及如何应对。

这就解释了有的人为什么婚前看不出任何问题，但是到了

婚后就各种不顺眼,也解释了为什么不能用谈恋爱找对象的逻辑去找结婚对象。因为婚后需要直面很多无法回避的压力。比如有了孩子,纸尿布、奶粉、孩子生病等开销会变大,又比如两个人在一起生活,家庭事务更多,家务活和琐碎事也会变多。而在面对这些压力时所表现出来的状态,就是一个人的脆弱模式。不同的人,在压力之下会有不同的脆弱模式。有的人会选择回避问题,让伴侣去独自承担;有的人因为无法适应自己成为家庭的主导者,选择交出主导权,听从家里人的安排和分配;还有的人则会顶着压力承担属于自己的责任,直面困难,并且想办法克服困难。

这些不同的脆弱模式,也会造成截然不同的婚姻结果。像习惯性回避问题的脆弱模式,自然就更加容易导致婚姻出问题。

在择偶方面,大家都清楚要选择条件更好的人,因为可以避免出现压力,触发两个人的脆弱模式。但现实情况是,很多人没得选,又或者在两个条件差不多的人身上摇摆不定。如果条件差不多,或者在没那么多选择的前提下,相比于对不对你好,更重要的是看看这个人在脆弱模式下的表现。怎么看呢?这里分享三个生活中比较常见的压力来源场景。

第一,在工作上遇到了烦恼,是如何处理的?

比如,一个人工作表现一般,被老板骂了之后有什么反应?是大吵大闹说老板有眼不识千里马,哭着喊着太累要离职,还是能够反思自己的问题并且做下一步的调整呢?

我以前有一个同事,每次做合作项目的时候,只要稍微出现一丁点意料之外的小事故，他的第一反应就是"不搞这个了，好麻烦，关键的东西都没了，还做什么呢"。

这类处事风格，在婚姻遭遇到些许压力和意外时，不仅不能雪中送炭，还会火上浇油。

第二，当自己的想法和父母的意见出现差异时，是如何处理的？

比如，新房子要装修，父母过多干涉装修的事情。年轻人喜欢极简风，父母喜欢中国风，面临这种分歧时，他是如何应对的呢？

是完全不顾父母的意见，按照自己的喜好来执行，还是拗不过父母，听从父母的意见，抑或是既能照顾到父母的感受，也能让自己开心呢？

第三，和朋友吵架时，表现出了沟通的意愿还是采取回避的态度？

我的一位同学，他每次跟朋友吵架之后，属于绝对不妥协的那类人。哪怕对方已经给了台阶，主动打电话邀请他去吃饭了，他依然坚持对方必须道歉，自己才会去吃饭。结果可想而知，在我们的圈子里，他的朋友就越来越少了。

而这种脆弱模式，基本也会沿用到婚姻当中，只要你们闹矛盾，就只能你先低头认错，事情才会有转机。

每个人都有自己习惯的脆弱模式，并不是说迎难而上的脆弱模式就是好，习惯性回避就是不好。更多要看你自己的接受程度和匹配程度。

如果你喜欢让父母来处理，对方喜欢回避，那你们也算相配。至少不会出现和父母意见不合的情况，就让父母安排得明明白白也挺好，可以降低婚姻关系的不稳定性。

**一起打游戏吧**

以前大家会说，看两个人合不合适，一起去旅游就知道了。可是旅游这件事，无论从时间成本还是金钱成本来说，都不算小，不是那么轻易就能实现的。我有一个更具性价比的方式推荐给大家，就是打游戏。

去旅游一趟就知道两个人是否合适的原理是，让两个人同时去经历一件充满未知可能性的事情。在旅游过程中，你们会遇到各种各样的未知冲突，当两个人在毫无准备的情况下暴露在冲突中时，就很容易发现对方的真实性格。你可以理解为，就是人为地制造冲突，然后观察两个人在冲突环境下是否能够相对和谐地相处下去。其实游戏也能达到同样的效果。游戏本身的趣味性就是会有各种各样未知的冲突等你来处理，所以在打游戏的过程中，其实很容易暴露一个人的真实性格。

比如，我跟朋友玩《英雄联盟》，有的朋友会觉得开心就好，最重要的是玩得快乐。跟这类朋友玩，的确会发掘出很多有趣的玩法。对应到生活中，他的性格比较随缘，玩游戏只是放松的一种方式而已。而有的朋友会觉得输赢很重要，会去研究游戏中的操作细节、数据，就像做数学题一样深入分析，记住每一个关键技能的释放时间。跟这类朋友玩的好处是，胜率会高很多，整个过程下来，也会学到很多东西。对应到生活中，他的性格严谨，做事情需要大量的数据和推理，去给自己的决策做支持，处事风格偏理性一些。

为什么游戏会暴露一个人的真实性格呢？首先我们要了解，人与人的交往过程中，我们会本能地去展示自己优秀的一面，而选择隐藏自己不足的一面，为的是给对方一个好印象。而真实的性格是由好的一面和不足的一面共同构成的，大多数人在初识阶段，对一个人的认识是不全面的。玩过游戏的读者都懂，你会发现在游戏环境中，特别是即时对抗类游戏中，根本没有时间去"伪装"自己，一切发生的事情都是随机并且不可预知的。人一旦急了，就会调用潜意识来处理事情，这更能展现一个人的真实性格。有机会的话，不妨去和你看不懂的那个人一起去玩一把游戏。

说说我跟女朋友玩游戏的情况，让你们体会一下这种分辨的过程。

跟女朋友玩双人合作游戏，出现矛盾时，她会习惯性指责我不配合她，或者说我阻碍了她。在玩游戏的过程中，她特别容易情绪大爆炸。这些行为特征也的确符合她的性格。在生活中她也有指责我的习惯，遇到不合心意的事情时，也容易情绪爆炸。你看，这些性格特征都是可以通过游戏来发现的。

玩解密类游戏的时候，她总能发现我发现不了的关键细节，

总能比我更快发现答案是什么，然后指导我去解密。而在生活中遇到阻碍的时候，她也的确总是能给我提供一些新思路。

而玩竞技类游戏，就是那种需要去打怪兽，对操作本身要求较高的游戏，她就容易过不了关。一般我会打不过就多打几次，研究对抗思路，直到打过为止。而她打了几次打不过之后，就会来求助我，让我帮她打。这从侧面反映出她对我的依赖程度，也的确符合现实中的状态。在生活中，她遇到解决不了的困难时，就会来寻求我的帮助。

其实人在极端环境中的表现都是差不多的，不管是旅游、打游戏，还是其他能够引发极端环境的活动。你要意识到，并不是旅游或者游戏本身能够让你感知到这个人是否合适，而是通过让你们两个人置身于极端环境中暴露真实的性格，来让你感知到对方是否合适。

说完游戏的作用，再来说说什么类型的游戏比较适合"测试"一个人。

首先是对方没怎么玩过，或者不熟悉的游戏。比如我玩《英雄联盟》七八年了，你要是拿《英雄联盟》来"测试"我，那意义就不大。我玩这个游戏很久了，整个游戏环境对我而言是熟悉的，所以根本产生不了让我慌张的未知矛盾，所以也无法让我暴露出真实性格。

其次是需要双人配合的游戏，这类游戏是最容易引发矛盾的。很多双人游戏都被大家戏称为"分手游戏"，正是因为让两个性格不一样的人去玩需要两个人配合的游戏，太考验两个人的

磨合程度。并且在玩的过程中,两个人的性格特征、相处模式、权力斗争都会暴露无遗。

这里给大家提个醒,如果你们感情基础一般,千万别随意去玩双人游戏,"分手游戏"不是白叫的。但是如果能玩通关,感情也会上升一个台阶。

## 结婚前,建议先经历这三件事

经常有读者在微信上问我:"我们在一起三年了,是不是可以结婚了呢?"其实在我看来,要不要结婚不是看你们在一起的时间长度是多少,而是看你们对彼此的了解程度。

有的人谈了三年,还是不了解彼此,那依然不适合结婚。结合我多年以来的咨询经验,分享三件结婚前尽量要先经历的事情。

第一,一定要见过彼此最真实的一面。

见过彼此最真实的一面后,依然还能在一起,就说明你不是喜欢上理想化的对方,而是喜欢上真实的对方。

胡因梦和李敖的婚姻只维持了几个月,李敖对外宣称离婚原因说,因为看到胡因梦这样的大美女不仅每天也要吃喝拉撒,而且居然会在马桶上因便秘做出狰狞的表情。这就属于典型的爱上了理想化的对方,而不是爱上真实的对方。

第二,真正吵过架,并且处理了矛盾。

这里的吵架不是指小打小闹，比如你没接我下班，生气吵架了，然后又和好了。这里所说的吵架是指涉及人生大事、金钱利益的吵架，比如去哪个城市发展、以后钱谁来管等。

为什么要提前经历这种级别的吵架呢？

因为你们现在怎么处理这种矛盾，婚后也会怎么处理。相当于提前看看你们彼此的处理方式是否匹配。如果不匹配，就要尽早磨合。

我有一个读者，她跟男朋友因为家务事吵了无数次，每次她在辛苦拖地的时候，男朋友要么在打游戏，要么在看视频，从来不帮忙。她总是阴阳怪气地嘲讽，比如"让我自己一个人累死好了"，也会说一些自我攻击的话，比如"我就是苦劳命"。

久而久之，男朋友受不了她的阴阳怪气，就爆发了。她在吵完架冷战时找到我，问我怎么办。

经过深入的咨询疏导后，我发现在做家务过程中，让她产生焦虑情绪的根本原因是她的原生家庭重男轻女，从小家里活都是她干，她的父母、弟弟都不帮忙，只享受。她觉得父母把她当工具人对待，让她产生了不被重视、不被爱的感觉。而男朋友这种不帮忙的作为，重新激活了她小时候那种不被重视、不被爱的感觉。

我教她这样回复：

亲爱的，我刚刚之所以这样，是因为在小时候我的父母也是这样对我的，只让我干活。你不管我的样子，让我产生

了不被你重视的感觉，我非常害怕，不知所措，所以才跟你闹情绪。"

她男朋友听了之后，非常震惊，因为他根本没想到背后会有这么多层情绪在里面，他突然很心疼她。最后，他们达成了共识：家务大家一起分担。

自从有了这次深入沟通，他们之后几乎再也没有因为家务事而吵过架，甚至在其他事情上发生分歧和争执时，也懂得如何去沟通了。可以说，只要不是涉及底线的吵架，他们几乎是吵不崩了。因为他们已经掌握了处理分歧和情绪的能力。

第三，深入观察过对方的原生家庭，看看对方父母是如何相处的。

这不是单纯的见家长那么简单，而是要去对方家里住几天，看看对方父母如何相处，家庭氛围如何，遇到矛盾时如何处理。因为很大概率上，对方父母的相处方式，会有一部分沿袭到你们的相处方式中。所以要提前观察，看看对方父母的相处方式自己能不能接受。

我有个朋友，跟男朋友在一起两年多，感情挺好，但是见完家长后，就提分手了。因为当时刚好是大年初二，男朋友的家里也来了一些亲戚。于是男生的妈妈就指挥我这位女生朋友去厨房帮忙。但我这位朋友心想，她也是客人呀，为什么要她去帮忙？于是就拒绝了这个要求。事后她对我说，她看到的其实不是礼节问题，而是他们家里对于"媳妇"的定位问题。她

还没嫁过去，男生的妈妈就对她指手画脚，无法想象日后真的结婚了会如何对她。她能理解这是观念不同，但是她无法接受这种观念。

以上三件事是结合我的咨询经验所总结，你可以理解为，就是提前将婚姻比较致命的问题放到婚前去经历一次。

### 结婚前，先问这个问题

《圆桌派》有一期请了犯罪心理学家李玫瑾教授做嘉宾，李老师说的一句话特别有道理：当你想判断一个人适不适合结婚的时候，问问你自己，你希望你的孩子继承对方身上的哪种品质？如果没有对人性的深刻理解，是总结不出这个问题的。

大家别看这是一个非常简单的问题，实际上，它比其他物质性的参考条件更有意义。你有没有思考过，为什么是品质，而不是其他的东西，比如金钱、房子、车子？因为它背后直指人的潜意识。一个人的勤奋、勇敢、善良、上进、幽默等品质，都是受潜意识影响的。你有没有思考过，为什么是从你的孩子继承的角度，而不是你喜欢或者爸妈喜欢、社会认可的角度？这才是这个问题真正厉害的地方，它会从三个角度去充分考量你，分别是对伴侣的了解程度、对伴侣的认可接纳程度、对自我的需求认知。

大部分的感情会出问题，大概率都是因为这三个角度的认知不够充分而导致。所以这一个问题，就能检验出你即将开启的这段婚姻成功率是否会高些。

下面我们来说说这三个角度。

第一，对伴侣的了解程度。

回到问题本身，你希望你的孩子继承对方身上的哪种品质？这就说明首要的肯定是你能够发现对方有什么品质，否则根本谈不上希望不希望。而能够发现对方多少内在的品质，取决于你对身边这个人有多了解。别觉得这是一件简单的事，事实上，很多人对身边人的了解程度非常低。

我有一个来访者，和老公结婚八年了。当我问她老公喜欢什么东西的时候，她支支吾吾只说了一句好像平时挺喜欢打游戏和看电影的。至于是什么类型的电影和游戏，她也说不上来。沟通是了解一个人最有效的手段，一段缺乏沟通的婚姻，会让彼此成为最熟悉的陌生人。

第二，对伴侣的认可接纳程度。

这个角度非常有意思，因为问题并不是你喜欢对方什么品质，而是你希望自己的孩子继承对方的什么品质。这是这个问题中最微妙的地方。

生过小孩的读者一定懂，给小孩子用的、吃的东西，我们都是经过层层筛选，要挑最好的。如果你愿意让你的孩子继承对方身上的某些品质，足以说明你对这个人的品质是极度认可的。

第三，对自我的需求认知。

很多时候，我们不知道自己想要什么。这个时候，我们会选

择大众和社会需要的东西来弥补这个空缺，比如房子、车子、金钱、地位等。但是这些东西并不一定就是你非常需要的东西。很多嫁入豪门的人，过得也不开心。

当你能够回答出李教授这个问题时，说明眼前这个人的品质是你需要的，否则你也不会愿意让孩子去继承。

你看，这个问题直接反映出了婚姻中很关键的问题：我需要什么？对方有什么？我是否认可对方？虽然婚姻是一个非常复杂的情感问题，但是以上三个问题你都能回答出来的时候，婚姻的失败率肯定低于一般人。

如果你打算或即将和某人进入一段婚姻，你不妨再问问自己这些问题，同时也问问对方。

# 第三部分

## 别把恋爱谈得跟敌我斗争一样

# 第一章

## 关系是两个人互动的结果

很多向我咨询的读者都会问我一个问题:"不是说双向奔赴才有意义吗?现在感情出问题了,却只有我自己一个人在学习、在改变,对方完全无动于衷,这样有用吗?"每当我发一些提升自我的内容时,也会有类似的观点跑出来:凭什么只有我努力,对方不努力?对方不改变,这样有什么意义?

当然是有意义的。因为关系是由你们两个人组成,而关系的走向,绝对不是一个人可以单独影响的。当前的局面,是你们两个人互动的结果,哪怕有一个人发生变化,也会连带着你、他、整体关系一起发生变化。

你们就像两个小球,中间连着线,你改变了,你就升高一点点,你也会拉着他往上升。好一点的结果是,你们关系程度够深,连着你们的线不会随便断,你就会拉着他一路升级。差一点的结果是,你们关系不够深,你一直改变升高,他原地不动,你们之间的连接因为承受不住太远的差距,就断了。

从长远来说,差一点的结果对你来说反而是好结果,因为你把他筛选出去了,你也不用担心会为此感到难过,因为你此刻的

境界、认知都远高于他。甚至不但不用难过，还会觉得庆幸没有跟他一直待在谷底。我相信真正经历过深刻改变的读者，一定懂我这句话。

会说出"只有自己改变没用"这类话的读者，大概没有做到过真正的改变。因为真正做到改变的人，一定能体会到改变之后的那种"爽"感。只有没改变的人才会依然停留在原来的阶段，用原来的目光看待现状。

很多找我咨询想要修复、挽回一段关系的读者，咨询到后面都放弃了。不是因为绝望，而是因为在咨询过程中，他们不断提升自己的思维和认知，逐渐和前任拉开了差距。

有个女生本身硬性条件非常优秀，但是因为一些成长经历，导致她形成明显的讨好性格，这让她在关系中受了不少苦。要命的是她对象也意识到两个人之间的硬性差距，于是总抓住机会不断攻击她，希望通过贬低她的方式，让她一直留在自己身边。咨询时她一直问我是不是自己做得不够好，后来通过咨询调整了认知，她开始意识到，原来自己不必去讨好。经过一段时间的调整，她从思维到行为都有了明显的改变。行为上的改变，也让她重新感受到了不一样的体验，她开始明白，根本不需要去挽回了。

当你看过山顶的风景，你就不会再留恋半山腰的风景。所以朋友们，改变一定有用，哪怕是单向的改变，也一定有用。改变之后你对自身整体的认知变化是巨大的。说直白点，你真正改变后，就是在对之前的自己"降维打击"。

我再分享一个被伴侣抱怨和指责之后，如何通过改变互动模式从而改变整体相处模式的案例。先交代一下背景：他是我的读者，和女朋友在一起三年，也到了谈婚论嫁的时候。可是他们之间有个问题，就是每次遇到矛盾时，女朋友就会习惯性指责他。长年累月下来，被指责得多了，他就形成了一个"女朋友总会指责自己、抱怨自己"的潜意识。遇到了问题，这个潜意识就会被激活，但他也不敢说，或者挣扎很久才敢说。这是一直以来困扰他的情感问题，也为此找我咨询过好几次。

过年时，他带着女朋友回家里见了家长。本来一切都挺好的，也没发生什么矛盾，可最后还是发生了一个小插曲，他怎么也没想到，这个小插曲会对他造成巨大的影响。因为临近开工的时间节点，他们要回到上班的城市。接着他们就去坐高铁，可是到了高铁站之后，他发现身份证不见了。他女朋友一下就急了，开始指责他："身份证不是一直在你身上吗，你能不能小心点？""没身份证怎么回去呢，肯定赶不及了。""到时候还要补办身份证，真麻烦。"

如果是以前，我这位读者听到女朋友抱怨自己，肯定第一时间就慌了。因为被习惯性指责得多了，他本来就很怕出错，现在一出错，就更容易焦虑。之前他跟我做过几次咨询，我们也聊过了关于情绪识别的内容。值得庆幸的是，这一次他除了害怕以外，也稍微恢复了一些理智去思考问题。于是他想身份证会不会落在家里，就马上给家里人打了个电话，确认了身份证还在家里后，就叫表弟赶紧开车送过来。

处理完这些事情后，他对女朋友说："身份证落在家里了，我让表弟送过来。我们提前1小时出门的，到高铁站才花了20分钟，待会儿表弟送过来我们应该能赶上。如果实在赶不上了，我们改签下一班高铁就好了。"说完之后，他以为女朋友还会继续抱怨，可是没想到，这次女朋友说："好吧，也只能这样了。"

两个人最终赶上了高铁。在高铁上，两个人的情绪也平静下来了。于是他鼓起勇气对女朋友说："下次遇到事情的时候，我们都不要发火和抱怨好不好，每次看到你急了我就很害怕你。"他表达过程中是笑嘻嘻的态度，女朋友听到后愣了一下，然后就说："可以啊，我刚刚也想了很多，我也觉得自己太急了。不过还是都怪你，哼！"说完就用手轻轻拍了一下他的肩膀。

你也许觉得这是不值一提的小事，但是这件事对于我这位读者的冲击是很大的。因为在他的设想当中，他如果说了"遇到事情我们不要发火好不好"，女朋友就一定会发火说他。但是这次女朋友的反应让他觉得，原来一切并不是自己设想中的样子，女朋友也不是完全不讲道理。这次强烈的反差感，也让他心中那个"害怕女朋友"的潜意识有了轻微的动摇。

这个案例可以很好地说明，当前的关系是按两个人之间的相处模式互动的结果。当相处模式发生变化后，两个人就会产生新的互动，新的互动就会带来新的体验，而新的体验，特别是良性体验，则会慢慢扭转两个人之间消极的相处模式，逐渐用良性的相处模式来替代。

当我们了解关系是两个人的互动结果之后,接下来再看看,不同的两类人,会互动出什么样的关系。

## 挂件状态 VS 挂件状态——假性亲密

两个挂件状态的人成为伴侣,会出现双方都希望挂在对方身上,谁都不愿意主动解决问题的情况。两个挂件状态的人在关系中产生矛盾时,都采取搁置的处理方式,久而久之就容易发展成假性亲密关系。

什么是假性亲密关系?

"我们在一起吃饭、看电影、睡觉,但是我从来不知道他在想什么。我也未曾向他分享过我自己的感受。似乎我们都在例行公事。"这是一位来访者跟我诉说的痛苦。不知道大家有没有经历过这种阶段,一切岁月静好,你们的关系平静又稳定,但是你始终感觉不对劲,又说不出哪里有问题。在关系中遇到了问题,双方都处于不作为的状态,既没人去推进问题的解决,也没人来收拾当前的残局。两个人就一直维持着这种浅层又不作为的状态,并且还满足于现状,不会改变。

可能会有人认为,假性亲密关系之所以存在,是因为有人不善于表达自己,碰到问题就回避,不沟通。其实这些只是假性亲密关系的外在表现。真正内在的原因是,假性亲密关系是两个挂件状态的人互动下来的结果。

在亲密关系中，发生冲突，本来是一件寻常的事情。但是挂件状态的人会认为矛盾等于灾难。在他们心中，好的感情不应该有矛盾，有了矛盾就意味着感情要结束了。然后双方就此达成共识，避免让矛盾出现。如何让矛盾消失呢？双方尽量少进行深层次的沟通，只保持浅层次的沟通，如此矛盾就会减少。这个方法也的确有效，最终双方稳定地维持着和谐美好的画面，没有争吵，一切岁月静好，每天例行公事。你们就像两条挨得很近的平行线，虽然靠得很近，但从不交叉，永远体会不到真正亲密关系带来的乐趣。

这种假性亲密的好处是，相处模式很简单，只需要维持一个固定的模式相处，不出现太大的变动，那么这种互动模式可以一直保持下去。坏处是，双方没法体会到真正深层次的亲密连接，只能停留在表面关系中。

如果两个人极度缺乏解决问题的能力，一旦遇到谈婚论嫁之类无法搁置的问题，又没人能够出来主持大局，那么之前所维持的假性亲密关系会迅速崩塌。这也是为什么很多人谈了很多年恋爱都没问题，但是一旦面临结婚、彩礼等问题时，就容易分手。

## 挂件状态 VS 主宰状态——相互满足

在感情修复这类问题的咨询过程中，我发现一般有两类人：第一类，两个人吵架吵到不可开交的时候，总会习惯性问我：

"那我怎么办呀？"第二类，吵完架后会问我："当时如果我这么做，是不是会好一点？"

这两类人最大的区别在于，第二类人有自己的想法，来询问我的意见，会自己考虑是否采纳。而第一类人则是将我定位成"救命稻草"，把自己定位成需要被拯救的人。第一类人就像挂件一样，在感情中所面临的问题往往都是自己过于被动导致，渴望别人来替自己解决问题，在关系中失去了主导权。你会发现，挂件状态的人在亲密关系发展的过程中，往往都是把自己的选择权一点一点交出去的。

有位读者对我说："我想辞职去考研，我问了老公，他觉得辞职风险太大。就算我说了不会动用家里的钱，会找兼职补贴自己考研所需要的生活费，他还是不同意，后来我就没辞职。"可能是这件事勾起了她的情绪，她接着说："我们这样的相处模式从结婚开始就这样，我很被动，好像所有事情我都做不了主。"为什么有的人会很尊重自己伴侣的想法，而有的伴侣就像这位读者的老公一样，完全不听她的话？我前面说过，一段关系中，两个人的相处模式是相互影响的。这位读者的老公这种我行我素的风格，是被慢慢培养强化出来的。从她的提问就能看出一点端倪。辞职考研这件事，如果她自己储备了足够的资金，充分考虑过风险，认为不会对家庭造成什么经济危机的话，为什么不直接辞职去备考呢？为什么这件事一定要获得老公的同意？老公不同意，她还就真的不做了。这从侧面反映出她内心深处觉得，哪怕是自己的事情，也要得到老公的认同才能继续做下去。这是典型的挂件状态。本来辞职考研的选择权是完完全全把握在自己手上的，但她非要获得老公的同意才行，老公如果不同意，她就真的不去考研了。这不就是把自己手上的选择权交出去一部分了吗？那她为什么非要交出去呢？因为选择了辞职考研，就意味着要承担做这件事之后可能会发生的结果，无论是考上了还是没考上，最终这位读者都需要自己去承担。而挂件状态是习惯性被动的，缺乏自己主动承担责任的经验，就缺乏动力做决定。她去寻求老公的意见，如果老公同意了，这里就转移了一部分责任出去。这个决定就更容易下决心去做了。

很多在感情中被动的人，都是这样一点一点把自己本来可以做主的权利交给了别人，事后还非常懊恼，为什么自己如此被动。我们接着从这位读者老公的角度来看看，他会觉得，每次老婆有事情都会来问他的意见，而且都会听他的话，只要他不同意，她就会听他的。久而久之，他就会形成"我才是家里的老大，家里我说了算"的观念，主宰状态逐渐膨胀起来。所以我说，两个人就是这样相互影响的：一个人不想自己做主，一个人每次做主后都收获积极反馈。一个主宰心态的男生和一个挂件心态的女生，他们两个人是相互满足的状态。

而这位读者就这样一次又一次将属于自己的选择权交了出去，逐渐发展成如今这种被动的局面。网上有很多找我帮忙推进关系的人，都属于在感情中较为被动的。哪怕再想聊天，也要等别人找自己；哪怕再想见面，也要等别人约自己；哪怕再喜欢，也要等别人先告白。宁愿错过也要等。

**你明明是想推进关系的人，却总是在等别人给你"发号施令"**。不敢主动，说白了就是不愿意承担失败的后果。毕竟主动了就有可能会被拒绝，多尴尬、多丢人。但是被动等着就不一样了，最后对方不推进，那还可以用别人果然不够爱来安慰自己。可是，第一次被动等，第二次被动等，每次都被动等别人，久而久之，你就会把自己放到被动的角色上去。

怎么改变，怎么找回属于自己的主导权呢？**培养一下自己做决定和承担责任的经验**。从给自己做决定开始。从当下开始，自己身边的每一件小事，不用总是去问身边人，自己做决定就行。比如，如果你决定辞职考研，那么你需要做的就是通知老公："亲爱的，我准备辞职考研了。"如果老公不同意，你也要坚持自己的决定："我已经决定了，风险我也评估过，不会对家里造成大的问题，考上或者考不上我都认了。"再比如，你要跟闺密去玩，你就直接去，不用请示；你要买件新衣服穿，你就买，也不用跟申请预算一样等老公审批。如果每次遇到需要你自己决定的事，你都能这么坚定地做出选择，那么你的伴侣就会感知到，**你是一个有自己独立想法的人，你自己做的决定，自己会承担责任**。以后对方必然就不会过多干涉你的选择，哪怕不支持，也不会要求你必须听话。因为在伴侣心中，你不再是遇到事情只会问"亲爱的，怎么办"的挂件状态形象了。

当然，如果是会造成家庭危机，或者会极度影响关系的事情，那你就别擅作主张。比如你要花30万元买辆汽车，但是你家里只有40万元存款，这种大额消费有可能会造成家庭产生系统性的财务危机时，那你肯定要找老公商量。

通过让自己做主的过程，可以慢慢找回主动权，变得不再被动。两个人的关系就被慢慢影响回到平等状态了。

### 主宰状态 VS 主宰状态 —— 权力斗争

感情中存在权力斗争，那他们都在争什么呢？是关系中的权力。关系中的权力是什么？就是在一段关系中，凡事都可以按照自己的想法进行。在主宰状态的人心中，运转规律都应该按照自己的经验来，比如我想分手就可以分手，我想结婚随时都能结婚，我不想做饭就不做饭。这是主宰状态的人梦寐以求的舒适状态。

如果两个主宰状态的人凑到一起，斗争就会特别激烈。争什么呢？就是在关系中"想干什么就能干什么"的权力。获得权力后可以干吗？改造一切。例如，我觉得你最近没有照顾好我，我就可以控制你，让你好好听话、好好照顾我。在亲密关系中的大部分冲突，都源于权力斗争。权力斗争的体现有：

吵架。比如，到底是谁洗碗这个问题，大家都想获得话语权，可谁也没办法说服对方去洗碗。最终就会以争吵的方式来表达自己想要获得话语权的决心。

指责对方。指责的目的是为了证明对方有问题，对方是过错方。因为在我们的潜意识中，只要证明对方是错的，我们自己就

是对的了。如果局面变成了对方是错的，自己是对的，那么就有充足的理由来获得话语权。

冷暴力。这里的冷暴力是指在明知道该如何沟通的前提下，仍然选择不沟通。这么做是一种无声的抵抗，可能在现实中吵架吵输了，又或者被对方指责了之后，发现自己真的做错了，但即使知道自己错了，仍然不想承认，不想放弃话语权，所以就通过一种无声的抵抗来反对对方。

以上表现都属于权力斗争。**本质上来说，就是我想控制你，但是你不受控制。**于是我就指责你，企图用道德观念来控制或者冷暴力你，用失去的恐惧来控制你。就像动不动就拿分手来威胁对方的人，分手并不是目的，而是一种手段，一种希望可以让对方更加重视自己的手段。深陷斗争泥潭的人，普遍会有一个特征：**看不惯对方，又离不开对方。**这也是为什么两个人哪怕天天打架，依然没有分开。

这里带出了另外一个问题，就是你的权力和依赖程度成反比。在亲密关系当中，依赖较少的人，往往拥有更大的权力。怎么理解依赖较少？最极端的假设就是，你身边即使没了这个人也可以，这样你对这个人的依赖程度就很低，那么你在这段关系中所拥有的权力就很大。

**为什么亲密关系中会有权力斗争呢？主要因为一些未被满足的需求。过去的一些伤痛经历、童年的阴影，都可以理解为未被满足的需求。**父亲的习惯性打压，可以理解为被认可的需求没有满足到位；母亲偏心其他兄弟姐妹，可以理解为被重视的需求没有满足到位；前任的冷漠，可以理解为被需要的需求没有满足到位。这也间接导致了缺爱的人在亲密关系中往往都是最容易失去权力的人，因为这类人对被爱的渴望更强烈。就像一个不会游泳的人溺水了，身边只要有一根木棒，便会使尽全力疯狂地抓住。

权力斗争本身所带来的最大危害是：当两个人都在争取自己的权力时，你们就站在了对立面，你们是敌人、竞争对手。你们再也无法理解彼此。你们之间沟通的桥梁被切断了。很多婚姻中之所以两个人会吵架不断，甚至最后发生家暴行为，就是因为斗争发展到了最激烈的状态。

痴迷权力斗争的人，往往最容易忽视一个问题：当感情出现矛盾时，我们到底是想指责对方，还是想解决问题？如果你的指责是为了发泄情绪，那么你为何要让伴侣来承担你自己的情绪问题呢？就像你饿了，你指责伴侣没有给你做饭，可是为什么你不自己点外卖，或者自己做饭呢？如果指责是为了让对方意识到严重性，那么让对方意识到严重性的方法只有指责吗？显然不是的，直接告诉对方犯错的危害性也是可以的。指责对方，就能让对方知道错了——这只不过是让自己可以名正言顺地指责他人的借口。如果想真正解决问题，不带指责去沟通才是停止权力斗争，真正解决问题的开始。

如何不带指责地沟通？很简单，停止对伴侣的负面评价。什么是负面评价？举个例子，对方约会迟到了，你不开心。在这个场景中，负面评价就是"我很讨厌你的不准时，你一点都不在乎这次约会"。"不准时""不在乎"这类词，就属于评价。评价的

可怕之处在于，它是你的个人感受，不能代表客观事实，属于一种主观看法。就像再好看的电影也会有差评，这仅仅代表个人观点。我不是限制你们去表达自己的个人主观评价，只是未经过证实的事件，我建议不要轻易去评价。万一人家只是半路看到你喜欢的小吃，停下来给你买，最终导致迟到了呢？如果还因此被你乱指责一番，试想一下，对方是什么感受呢？

# 第二章

## "三观不合"太常见了

"三观不合"的本质是两个人的观念有分歧。大多人对于分歧的态度是敬而远之，似乎亲密关系中，只要出现了分歧，感情就到头了。看起来也确实如此，几乎每一对分开的夫妻、情侣，矛盾都是分歧导致的。但实际上，分歧并不会导致关系产生什么毁灭性打击，真正影响关系的是，我们对分歧的处理方式。

　　分歧在关系中无处不在。我们每个人的成长环境、家庭教育、童年经历都不一样，这些外在影响会潜移默化地影响我们的观念。这就导致每个人的观念都不一样。而这种观念的差异，在关系中会通过分歧表现出来。分歧本身并没有危害性，但是对待分歧的方式会决定这个分歧的杀伤力。

## 没有"三观不合"，只有不接纳

　　有一个女生来找我，说她跟男朋友"三观不合"，问要不要尽早分手。我听了之后很疑惑，什么时候"三观不合"都成了分手的理由？我就问她怎么"三观不合"。她回答我，她喜欢存钱，他喜欢花钱，她觉得他们没办法在一起了。我继续追问，这会对感情造成什么毁灭性的伤害吗？她想了想，好像不会。但是金钱观不一样，真的没事吗？后续的对话我就不再复述了，因为我发现，她对"三观不合"存在理解偏差。

"三观不合"，到底是哪"三观"？我的理解是：我怎么看待人（包括自己），我怎么看待事物，我怎么看待这个世界。说白了，就是对人、对事物、对世界的认知。而影响你对这些东西认知的，是经历。也就是说，不同的经历会造就你不同的认知。每个人的经历都是不一样的，这也就导致每个人的三观是存在差异的。有一些人经历比较相似，所以三观的差异会比较小。但是你要清楚，并不是因为对方就是"灵魂伴侣"，而是刚好那么巧，你们的人生经历比较相似，又刚好遇见了。

"三观不合"，更多是对认知鄙视链的一种说辞。我看不起你的三观，所以我觉得不合。什么是合，就是我认可的东西你也认可。不合则是你采取了否认的态度，你没办法接纳我的三观。如果你接纳了我的三观，你看待问题的角度应该是我们的观点存在差异，而不是我们"三观不合"。

细心的读者可能会发现，我在形容"三观不合"的时候，用到了一个词"差异"。我刚跟女朋友在一起的时候，也会有一些差异。比如，卫生习惯上，她会更在意干净，我会更在意舒适。她每次上床之前，都要拿湿纸巾擦一遍手机，才能上床玩手机。一开始我是接受不了的，我觉得很麻烦。但是她会觉得手机很脏，不擦不行。那怎么办？这要上升到"三观不合"，然后分手的地步吗？不至于。我仔细思考了一下，发现了新的视角——手机确实挺脏的，每天坐地铁的时候拿着，吃饭的时候拿着，娱乐的时候也拿着。然后，我接纳了她的这个习惯，慢慢地，我也养成了擦手机的习惯，这并没有给我带来太大的困扰，反而让我变得更爱干净了。

除了我这个接纳的方式以外，还有一个办法，就是你别带着手机上床就行了。其实你会发现，如果你不接纳对方的观点，这个问题就是一个大问题，如果你接纳了对方的观点，那这个问题就只是一个习惯差异的问题罢了。

**差异本身并不构成问题，不能接纳这份差异，才会构成问题**。那么我们要怎么去接纳这份差异呢？其实特别简单，甚至不需要你去做什么，你只需要意识到有这个差异存在就够了。

我大学舍友结婚时，我去参加他的婚礼。我当时就包了一个红包给他。他们家里负责收礼的人在登记了我的名字后，将红包撕掉一个角，就退给我了。当时我的内心闪过很多想法：是觉得我的红包金额太小了吗？是不欢迎我吗？是不让我参加婚礼了吗？同行的一个男生似乎看出了我的疑惑，于是对我说："新娘家是公职人员，不能随便收礼，所以统一都不收红包，只撕掉一个角表示心意收到了。"

听到这话后我释然了，之前的困扰一扫而空。你看，只要意识到差异本身的存在，所有的消极情绪都会没了。就像我一开始并不知道为什么会这样时，就会想很多可能性，产生很多消极情绪。可是当我知道这是一种规定，那我就明白只需要尊重别人的规定就行。

就像我和我女朋友一样,只要我让她知道我们之间的认知差异,那么我们之间的冲突也就不存在了。两个人不断意识并接纳彼此的差异这个过程,就是磨合。去接纳彼此的差异和不完美,因为有的差异是不能被解决的,与其纠结一个不能解决的差异,不如学会带着差异过一辈子。

其实三观会根据你的经历、所处环境发生动态变化,并不是一成不变的。你敢保证,你今天看待世界的认知,会跟十年后的自己是一致的吗?几乎不可能。所以没有"三观不合",只有不接纳对方。

两个人的观念差异特别大的话,确实会衍生出更多额外的分歧和矛盾,这不可否认。但如果因此而分开了,我觉得不是"三观不合"的问题,而是两个人处理分歧的能力不行,他们处理不了因为观念差异所衍生的分歧,并且让这个分歧逐渐升级成了矛盾。

## 别让分歧升级成矛盾

你觉得两个人相处的时候,有分歧可怕吗?一点都不可怕。只要两个人在一起相处,有分歧是必然的。正常来说,有分歧不会出什么大问题,但现实情况往往是一对夫妻只要产生分歧,就会逐渐演变成冲突和矛盾。

为什么会这样呢？这跟我们大多数人处理分歧的习惯有关。**两个人之间的分歧之所以会升级成冲突和矛盾，是因为我们只想解决对方，不想解决分歧。**

我们来看一位读者的经历。这位读者和她男朋友是异地恋，之前每天晚上都会视频聊天，然而男朋友最近总是睡得很早。她觉得很奇怪，变得没有安全感。然后在一次见面的时候，她为了打消自己的焦虑，就提出说想看男朋友的手机。男朋友听到之后，立刻表示不愿意，他说这是他的隐私，要尊重他。而男朋友的反应，更加强化了这位读者心中的想法，总感觉他有猫腻，否则为什么不敢把手机给她看呢？想法一旦开始蔓延，情绪也跟着跑出来，最后两个人难得见一次面，却变成了吵架收尾，各自带着一股怨气回到各自的城市。

于是这位读者找到了我："我担心跟他在一起之后，他会出轨。我要不要分手呢？"从这位读者的提问方式可以看出，她基本认定男朋友是出轨了。而这个矛盾是从她男朋友拒绝把手机给她看开始的。

其实一开始，只是两个人对于隐私的观念有分歧而已。这个分歧体现在能不能查对象手机这件事情上。分歧本身不会产生任何危害，只是有的人在面对分歧时，会觉得分歧等于不合适，继而产生恐惧心理。

**这里的问题在于，女方对分歧这件事情的认知产生了偏差，觉得分歧等于不合适。**这位读者觉得男朋友不愿意给自己看手机，就等于男朋友出轨了，然后就愤怒、焦虑、恐惧。为了抵消

内心的恐惧，就会希望控制对方，强迫对方做自己期望的行为。对应的行为就是指责对方："你为什么不给我看手机？"但是关系中，只要有控制，就会有反抗，你越想控制，对方就越会反抗你。男生觉得，手机是他自己的隐私，不能随便看。女生觉得，如果没有猫腻，为什么不敢给她看？

两个人处理分歧的方式就是让对方必须听自己的，对方必须按照自己的期望去做，从而获得安全感。于是分歧就升级成了矛盾。两个人都想说了算，但两个人又都不肯退让。最后矛盾越来越大，大到想要分手。分手能解决分歧吗？当然能解决分歧，但同时也把人给"解决"了。如果你做好了失去这个人的准备，那当然可以分手。如果还不想放弃这个人，应该怎么办呢？

不想放弃这个人的话，就要化解分歧。化解分歧的前提是，不要想着解决分歧。

两个人都要看到彼此背后的真实想法。男生拒绝被查手机，肯定不是因为有猫腻；女生想要查手机，肯定也不是因为想要控制对方。这些只是分歧升级后产生的结果，不是导致分歧的原因。

而想要看到彼此的真实想法的前提则是两个人之间的氛围是平和、安全的。像前面他们这种对抗的状态，两个人都不可能体会到安全感。于是两个人都被迫摆出一副防御的状态。如何回到平和、安全的氛围当中呢？在相处的过程中，女生不要先入为主地认定男生必须让自己查手机，要允许对方有不给自己看

手机的自由。停止了强迫行为后，对男生而言，他会感受到被允许有自己的想法，这就是一个被接纳的过程，他就不会有那么强的防御心理。男生也一样，不要一听到女生提出查手机的要求就拒绝。可以尝试去表达自己不给女生看手机的原因，以及背后的一些难忘经历。一上来就拒绝别人，而且是无理由的拒绝，自然就会引起对方的怀疑，这不是信任与否的问题，是沟通方式的问题。在对抗氛围中，一丁点异常都会被无限放大。而这位读者按照我的方式去引导男生后，两个人都停止了强迫行为和语言，氛围就逐渐平静下来。当氛围趋于安全后，无论是男生还是女生，都开始愿意去尝试表达自己的真实想法，而不是对抗。

这位读者的男朋友开始解释说，自己不愿意让她看手机，不是有猫腻，也不是针对谁，他甚至对父母都如此。而之所以会这样，是因为小学的时候有个同学把他的日记拿到讲台上读，他觉得特别丢人，从此之后他对于隐私非常看重。而之前早睡的原因是最近常失眠，到了第二天晚上就困得不行了。

女生听到男朋友的解释后，终于理解为什么男朋友如此抗拒查手机这件事情，于是逐渐也开始袒露自己的想法。女生坦白自己不是真的想看手机，只是觉得最近男朋友的行为反常，怕他喜欢上了其他人，感觉自己没有被坚定选择，所以想看手机求证一下。而她之所以会这样，是因为前任"劈腿"过，而那时的征兆就是前任突然很早就要休息睡觉。于是当现任男朋友出现同样的情况时，她就比较敏感。

通过这样的沟通，男生能够理解女生为什么想要看手机，而女生也能理解男生为什么不愿意给她看了。至此，要不要看手机已经不重要了。也就是说，对于隐私的分歧，已经不重要了。所以我一直强调，分歧不会导致两个人出什么大问题，真正会导致分歧升级成矛盾的是双方如何看待以及处理分歧。只要是对抗，分歧必然会发展成矛盾。

## 有矛盾也别害怕

在感情中，除了分手，大家最害怕的事情应该就是有矛盾了。矛盾包含的东西实在太多了，性格不合、新鲜感消退、无法沟通等，每一个小问题拎出来，都足以对感情造成毁灭性打击。趋利避害是人类的本性，所以很多人会本能地回避矛盾，采用掩耳盗铃式的处理方式：只要我不提，矛盾就不会存在。有用吗？一点用都没有。因为矛盾这种东西是客观存在的。如果你坚持采用掩耳盗铃式的方式处理，也能达到一个比较"和谐"的阶段，就是假性亲密关系状态，你们双方默契地假装岁月静好，不深入接触，只做最浅层的日常交流。这样做的确能够最大限度回避矛盾，稳住感情。但是这样的感情抗击打能力太弱，但凡有一些你们无法回避的矛盾，你们先前构建好的假性关系就会瞬间崩塌。这个时候，你们的吵架会比以往任何一次都要激烈。因为你们之前从未真正释放。双方疯狂地吵架，疯狂地争论对错，宣告自己

的权力。这种程度的吵架，只要发生一次，几乎就会走到分手的地步。很多临近结婚的情侣，往往因为一些小事就分手。外人看着觉得难以理解，但是对于当事人而言，已经忍得太久了。矛盾这种东西，就像肿瘤一样，放任不管，只会越长越大、越来越严重。矛盾并不会自动消失，越早暴露矛盾，处理的成本就越小，收益也越大。

　　**接下来这句话，请你认真思考：出现矛盾时，是升级关系的好机会**。我们先来思考一下，为什么大家会如此害怕矛盾？是因为矛盾的背后，隐藏着彼此最柔弱的一面。你害怕一旦暴露了自己最柔软的一面，对方就会因此嫌弃你，从而分手。所以你真正害怕的不是矛盾导致感情破裂，而是产生矛盾背后那个真实的自己会让人难以接受。为什么会难以接受？因为你自己都无法接受那样的自己。

　　举个例子，对方情人节不给你送花，你很生气，于是吵架。但是你不知道自己为什么生气，只是觉得大家都有礼物，偏偏你没有。**你真正害怕的是没有安全感、不被爱的感觉，这是你焦虑的根源**。但是你不会跟对方说："因为你不送我花，我觉得你不爱我了。"这样的你，连你自己都没办法接受。这种话太丢人了，也彻底展示了自己的软弱。大多数人都不愿意展示，甚至感知不到。但是，你们如果想建立深度的情感链接，只有暴露最柔弱的一面才行。

　　所以当你遇到矛盾时，可以运用以下三个操作建议。

第一，无情绪化沟通。

无论如何，情绪化的攻击性语言是一定不能说的。一旦说了，就会产生不可逆转的伤害。情绪化的攻击性语言有：你就是这样懒的人；你就是不关心我；你一点都不爱我；别理我，让我自己一个人过吧；等等。

举个例子，很多人在对方约会迟到的时候，因为等了很久，心中憋了一肚子的气，当看到对方出现后，会习惯性将自己的怒气发泄到对方身上。这就属于情绪化沟通，确实能将自己的情绪排解出去。但事情都有双面性，对方承受了你的怒气，哪怕对方确实做错了，心中一定是不舒服的。

那么，无情绪化沟通该如何操作呢？对方迟到的时候，是能够感知到自己犯错的，这时候对方是带着内疚心理走向你的，如果你发泄情绪责怪对方，其内疚情绪就会消退。这里分享给你一个方法：不责怪，不原谅，要补偿。

不责怪就是不发脾气，不指责，不说难听的话。而不原谅就是虽然不发脾气，但并不代表着接受这件事。你确实是不开心、不舒服的。要补偿则有两个目的，一是为了缓解自己的不爽情绪，二是为了让对方知道迟到有成本。

第二，挖掘行为背后的真实原因。

这一步会比较难，你需要充分感受你当下的情绪是什么——焦虑、痛苦、不被重视？然后，回想激发你这种情绪的场景是什么，再回想在你的人生经历中，是否有过类似的场景。这里可以给你分享一个练习方法，跟着做就好。

首先拿出一张纸，在上面写下第一个内容：我的情绪是什么？

写完后，再写第二个内容：发生了什么事情，让我产生了这种情绪？

接着写下第三个内容：上次有这种情绪的时候，发生了什么事情？

比如，我特别怕蜘蛛，只要看到蜘蛛，我会浑身汗毛竖立，鸡皮疙瘩全都冒出来。而这种感觉，我通过回忆知道，是在我读小学三年级的时候，跟同学追赶玩耍时，刚好被一只蜘蛛撞到了脸。

再比如，刚开始工作的我被领导当众批评了，当时我心跳很快，面红耳赤，觉得自己是个废物，觉得所有人都在笑我，虽然现场并没有人笑我。那么我的感受是羞耻感、被人取笑，而这种感受上次是什么时候发生的呢？是我在初中的时候，被数学老师当众取笑我的数学题做得很烂，而当时周围的同学都在笑我。到此为止，我就知道了领导的批评并不是让我产生羞耻感的源头，领导也并没有故意羞辱、取笑我，领导只是在无意中唤醒了深藏我内心的羞耻感而已。

第三，自我暴露。

这一步是最难的，因为你需要在对方面前展示自己最柔弱、最真实的一面。从操作层面来说，你需要把你的感受描述清楚，把你的情绪激发思路说清楚，以及说明让你伤心难过的一些往事。

但这里最难、风险最大的并不是复述本身,而是在复述之后,自己会收到的反馈。为了最大程度规避被二次伤害的风险,我分享一个办法,即递进法。

先把需要自我暴露的内容从高到低进行等级划分。比如:关于自卑这件事,跟对象说自己是自卑的,同时分享自己自卑形成的故事,自我暴露程度是最高的,自评10级;跟对象分享自己在日常生活中因为自卑而猜忌他人想法的行为,自我暴露程度较低,自评3级;只是单纯告诉别人自己有点自卑,自我暴露程度自评1级。

按照递进法,如果想跟一个人暴露10级的自我时,先从1级开始暴露,暴露完1级之后,对方的行为表现如果没有让你产生任何不适,那么尝试暴露2级。以此类推,直到10级,层层递进。这个方法可以让我们的自我暴露伤害始终保持在一个相对安全、可控的范围内。

当以上行为你都安全地尝试了之后,你只需要等待对方的拥抱就好。

# 第三章

## 如何应对"三观不合"

当我们停止将分歧灾难化之后,接下来就要重新调整自己面对分歧时的态度,后面我会重点解释,我们到底该如何面对分歧本身。

### 允许我们不一样

经常有读者问我,对象是回避型依恋,怎么办呢?每次看到这种类型的提问时,我就挺心疼。因为我只要一问:"你是怎么知道你对象是回避型依恋的?"回答几乎都是:"我在网上看了回避型依恋的特征,我对象都符合。"

我想说的是,<u>不要把"症状"当成"病因",对方只是有了回避型依恋的行为特征,这不能等同于他就是回避型依恋</u>。就好比肚子痛就一定是肠胃炎吗?心脏疼就一定是心脏病吗?对方只是跟你不一样而已,两个人不一样并不会产生什么可怕的结果,真正可怕的是你不允许你们两个不一样。当你不允许你们不一样

时，两个人的沟通就会开始变得困难，对方也会逐渐回避你。

当"不允许我们不一样"的心态产生时，这种心态会如何慢慢影响我们的沟通模式呢？

**第一，当对方观念和你有差异时，你采用消极回应方式。**

什么是消极回应方式呢？讽刺、诋毁、评价、指责、嘲笑等都属于消极回应方式。这些回应方式就像一把刀子，用一次就等于给对方扎一刀。比如，两个人一起讨论某明星出轨事件，你觉得出轨就是不对。对方觉得事情不能这么粗暴定论，双方应该都有责任。你发现对方的想法和你不符，但是你不直接去理性讨论，反而阴阳怪气地说："哟，那你是想出轨咯？"这就属于典型的消极回应。

**如果每次你们观点有分歧时，你都采取消极回应方式，久而久之，就会传递给对方一种感觉：只要我出现和你不一样的点，你就会阴阳怪气。继而得出一个结论：你这个人是无法好好沟通的。一旦这种想法形成，遇到矛盾，对方就不会跟你有话直说。**

**第二，对方说的话，你从来不认可。**

每次我在家吃完饭，我妈妈都会问我要不要吃苹果。因为我吃完饭很饱了，我就说不吃。她可能以为我怕麻烦，不想弄脏手，于是她说："哎呀，年轻人多吃点苹果，对身体好，我给你削一个吧。"然后就自顾自地削苹果给我吃。但实际上，我真的太饱了吃不下。从父母的角度来说，这样做无可厚非，但是从孩子的角度来说，就会觉得我有话直说的时候没什么用，我说的话不好使，说了你也不听，最终还是按照你自己的意志来行事。渐渐地我就会觉得，我没必要去表达我的想法，反正我说了你也不听，你还是会按照你自己的意志去行事。

就好像你病了，只想躺着安安静静休息一下。你男朋友知道你病了，非要通视频来安慰你。你说不用，你想休息。但是你男朋友坚持认为这时候最需要男朋友的安慰。

**在关系中，不允许"我们不一样"的时候，这段关系就会使人失去表达的欲望**。我不需要安慰，你非要觉得我是需要的；我不想吃苹果，你非要觉得我是想吃的。久而久之，就再也没有了表达的欲望。因为表达了，你还是按照自己的想法去执行，那我表达的意义何在？很多在关系中沉默寡言的人，都是从不被允许"我们不一样"开始的。

怎么培养伴侣有话直说的习惯呢？分享三个建议给你。

**第一，对方说什么，你就当真。** 不要总觉得别人话里有话。

比如，点奶茶的时候，对方说不要，你就不要强行点。如果事后对方说你不照顾他的感受，你就说："你说的话我都有认真听，并且当真的。"潜台词就是，**不要迷恋什么"说不要就是要"的谬论，跟我处对象就简单点，不要话里有话。**

你这么一表态，对方就明白了，跟你这个人相处，要直接一些，有什么就直说。这种就属于反向培养对方有话直说的习惯。当然，玩笑话或者调侃之类的话，你就不必当真了，因为这些话本身也只是为了调节气氛而已。

**第二，自己也有话直说。**

和第一条相辅相成，对方说什么，你要当真，同样地，你自己说什么，也得是自己的真实需求，不要口是心非。比如，老公下班不回家跟朋友去喝酒，如果你的真实需求是希望老公回家，而不是去喝酒，那你就要直说："我希望你早点回家陪我。"而不是说："你还舍得回家？过了十二点还不回来就别回来了。"你的真实需求是希望老公早点回家，而不是让他别回来。

**第三，尊重彼此差异，不要动不动就看不起别人和你预期不一样的行为。**

你觉得有分歧的时候，可以讨论，可以表达期望，也可以提你的想法和要求，但是不可以看不起人家和你有差异的行为，这是基本的尊重。比如，你喜欢出去玩耍，我喜欢宅在家里，我们都没错。但是你喜欢出去玩耍，不能看不起我宅在家里，甚至还要求我必须跟你出去玩。你可以和我好好沟通，告诉我出去有什么好玩的，有理有据让我信服你。你也可以提出你的期望，希望我陪你出去玩耍，我也会慎重考虑你的要求。

## 将伴侣当成"外国人"

将你的伴侣当成一个"外国人"去对待，会让我们更加懂得如何去包容对方。怎么理解呢？你想象一下我们都是如何跟外国人相处的。你多少得学点对方的语言，懂得对方的表达逻辑，知

道对方的文化背景，了解对方的价值观，包容对方的习惯。而你会发现，伴侣真的跟外国人差不多。你们来自不同的家庭，由不同的父母养大，有着不同的朋友，甚至连吃饭的口味、做饭的方式都不同，生活上也各自有各自的习惯、处事风格。而大多数亲密关系的矛盾，无非就是无法接纳和理解对方跟自己的差异。

因为语言不同，我们和外国人交流时有困难。同样地，亲密关系中无法进行顺畅交流，是因为彼此爱的语言存在差异。我们想跟伴侣进行高效交流，就要懂得对方表达爱的语言是什么。

举个例子，在你看来，如果伴侣经常找你聊天，就是爱你的表现。一旦对方不经常找你聊天了，你就会认定对方不爱你了。这就默认了对方也秉持着爱你就会经常找你聊天的观念。可事实上，对方也许有自己的方式。比如默默付出，或者通过送礼物的方式来表达自己的爱。

所以当我们在亲密关系中看不惯对方的某些行为时，切换一下相处思路，尝试将对方当成一个"外国人"。你看，我们一般都不会去限制外国人用刀叉，也不会去要求一个外国人必须吃米饭，那么我们为何要求自己的伴侣必须符合自己内心的期望呢？

当你将伴侣当成"外国人"后，你就愿意包容对方跟自己的差异，不会过多要求对方必须满足自己的期待。假如你将伴侣当成"自己人"，你就容易陷入"我们是一样的"期待，如果对方达不成你的期望，你就会失望难过，甚至试图去控制对方。你有自己的处事原则和偏好，但是你不能要求别人跟你一样。

在我看来，两个人之间彼此尊重的相处模式就是，当你遇到了完全不一样的处事风格时，不会要求对方和你一样，而是先询问对方，是否愿意按照你的做法来做，如果对方愿意，你要告诉对方怎么做，而不是期望对方天生就知道如何让你满意。

## 别总想着"解决"对方

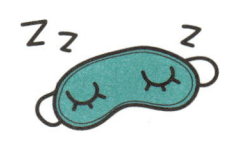

我们每个人都会有自己习惯，或者常用的一种行为模式。当我们在感情中遇到矛盾的时候，会有以下几种常见的行为模式。

第一种，会用语言表达自己的真实想法和感受，乐意去沟通，让对方知道自己的感受。我有位来访者就是这样，只要一吵架，就会抓住机会，一股脑儿把所有的信息都表达出来。在她看来，只有全部信息都表达出来了，才是对这次吵架足够负责任。这背后所传递的价值观是：吵架时，信息度要足够透明。

第二种，从来都不表达自己的感受，选择将一切都埋藏在心里，想靠自己解决。这类人吵架了，会选择默默憋在心里，然后自己想办法解决，尽可能靠自己来搞定这个问题。不同于喜欢通过沟通这种合作的方式来解决矛盾的人，第二种人所传递的价值观是：靠我自己就能解决问题，我不需要向其他人求助，包括我的伴侣。

第三种，行动派，直接用行动处理问题，主观地用自己认为正确的办法解决当前出现的矛盾，虽然有时结果不尽如人意。这

类人在遇到问题的时候，总想着第一时间做点什么，不做的话就会觉得事情在恶化，很焦虑。说白了，就是通过赶紧做点什么，来缓解自己的焦虑。

第四种，拖延策略，选择回避问题。这类人非常主观地认为，只要自己不面对问题，问题就不存在。打游戏、看电视、出去玩，反正就是不直面问题。在他们看来，面对问题并不是一个解决矛盾的办法，反而通过回避、拖延本身，可以让问题自然消亡。

生活中的情况基本可以归类为这四种行为模式。而所谓的看不惯彼此，就是这几种行为模式之间在互相看不起、互相嫌弃。很多时候，我们看不惯的不是对方这个人，而是对方的行为模式。别总想着"解决"对方。

当我们偏好以上某一种行为模式时，很容易以己度人，认为其他人也应该是这样的行为模式。喜欢吵架的伴侣，往往都是互相看不起对方的行为模式，认为自己才是对的，总在想方设法改变对方的行为模式，来适应自己的行为模式。

找我咨询的读者都喜欢说："他总是不喜欢和我沟通，怎样才可以让他和我沟通？不沟通的话，感情就完蛋了。"这背后隐藏的就是行为模式之间的矛盾。

会谈恋爱的人，或者在亲密关系中游刃有余的人，都是善于处理不同行为模式矛盾的人。他往往能够兼容多种行为模式，不会强求对方必须都听他的。那么，怎样才能让自己也学会兼容多种行为模式呢？

最重要的是，摆脱二元对立思维，不要单纯认为"我的行为模式好，你的不好"。有一个找我咨询的读者，她就特别不能理解为什么有的人喜欢拖延。她特别看不惯拖延的人，觉得拖延不好，要跟自己一样积极去沟通才好。这种情况就属于沉浸在自己的思维里，只能看到自己的行为模式，看不到别人的。

**而想要摆脱二元对立思维，最重要的是摆脱评价习惯，遇到和自己相斥的行为模式时，不要急着去评价这个行为模式好或者不好**。因为一旦评价了，这个行为模式就被定性了。其实没有一种绝对正确的行为模式，不同的模式对应了不同的场景。比如，吵架已经吵得非常激烈了，这时回避或者停止沟通不失为一种止损的做法。两个人要灵活去适应，甚至是学习对方的行为模式。亲密和谐的关系中，并不是要消灭谁的行为模式，而是找到多种行为模式共存的办法。在我看来，好的亲密关系可以刷新你对行为模式的看法，变得更加全面，而不是只沉浸在自己的小小世界中。

# 第四章

## 别指望消灭问题,你能做的是共存

**磨合不是为了解决，而是为了理解**

　　磨合的本质是去接纳不完美，带着问题过一辈子。只要两个人在一起，总会遇到大大小小的问题。当面对这些问题的时候，大家脑海里都会浮现一个解决方案：磨合。两个人总是吵架，磨合一下就好了；两个人观念不同，磨合一下就好了。但是你有没有思考过，老生常谈的"磨合"，到底是在磨什么？

　　很多人把磨合变成了伴侣改造计划。大家对磨合有一个误解，就是觉得磨合了之后，必须得解决问题才行，不然不算磨合。然而问题并不是总能被解决的，当面临不能解决的问题时，有的人会倾向于说服对方，让对方听自己的。

　　我接触过的一个女性读者严重缺乏安全感，而男方总是不够细心，容易忽略她的感受。他们彼此因为这个矛盾隔三岔五就吵架。很明显，这是一个难以解决的问题。无论是女生的安全感问题，还是男生的粗心问题，短时间内是无法解决的。这个时候，这两个人不可避免地同时开启了伴侣改造计划，并且达成共识，美其名曰"磨合"。

女生的磨合方案是要求男生必须细心些，但是也没有具体说要怎么才能细心些。于是男生开始变得小心翼翼，生怕触及女生的敏感点。最后男生受不了这种相处模式，又吵了一架。然后男生提出了解决方案，要求女生不要那么敏感，想开一点。于是女生强迫自己不要乱想，时间久了，女生开始怀疑自己是否真的有心理问题。最后她撑不住了，于是找到了我。

当我了解完他们的感情经历后，觉得很可惜，因为他们从一开始，就走错了方向。他们之间的问题是因为彼此性格差异，导致相处并不和谐。有了问题，就得磨合，这个思路合情合理。但是他们的磨合却是去解决对方的性格问题，即使真的通过强压手段暂时解决了问题，这种强压手段也只是在酝酿一个更大的"炸弹"。

正确的步骤应该是，彼此联合起来，统一阵线，一起去面对问题。他们需要做的并不是去解决对方的性格问题，而是先接纳彼此有性格差异，而这并不会产生什么严重后果。有的人可能会质疑，觉得他们肯定已经接纳了这个问题，才会想着去解决性格问题。恰恰相反，正是因为他们没有接纳彼此存在性格差异的问题，才会这么急迫地想解决这个问题。因为他们觉得，问题一旦存在，感情就会消亡，为了感情不消亡，必须消灭问题。只有他们接纳了这个问题，他们才不会对彼此的性格问题产生排异心理。这个时候，才能进入下一步，联合起来，一起去面对问题。因为这个时候他们不会再去想着解决彼此的性格问题了。他们真正地从对立面，变成了统一阵线。当他们变成统一阵线后，要做的就是去了解彼此为什么会有这样的性格差异。

男生去了解女生的安全感缺失缘由，知道了女生从小就缺少父母的称赞，很自卑。女生去了解男生的粗心，知道了他从小是跟爷爷一起长大，没有和爸妈一起生活过，并不知道男女相处的模式是怎么样的，所以他即使知道了女生不开心，也不懂得如何给予安慰。当他们彼此深入了解之后，男生知道了女生比较自卑，所以日常生活中，会更加注意去给对方鼓励和支持。而女生也知道了男生并不是因为不爱自己而粗心，后续的日常生活中，女生也学会了正确向他表达自己的需求。到了最后，他们根本不需要想着如何去解决对方的性格问题，反而通过彼此理解的过程，逐渐治愈了彼此。到了现在，他们的感情浓度更上一层楼。更重要的是，当他们再次面对问题时，已经掌握了真正磨合的办法。

亲密关系或多或少都会遇到一些不可调解的问题，当面对这些问题时，千万不要将你的伴侣当成敌人去解决。一定要弄清楚，你们的敌人不是彼此，而是问题本身。要学会接纳伴侣的不完美，当问题不可调解时，就学会如何跟问题共存。当你学会如何跟问题共存时，它就不再是一个问题了。

## 规则能让分歧达成共识

你的感情里有规则吗？婚前辅导里有个项目，叫规则前置。所谓规则前置，就是两个人在走进婚姻之前，双方制定一些规则，然后一起遵守，而不是等到结了婚再去吵架，分辩谁对谁错。

比如，去谁家过年？财务大权归谁管？这些涉及选择的问题，都要提前规定好。有研究表明，62%的婚姻矛盾来自家务分配，严重程度仅次于婚姻出轨和性生活问题。家务分配的本质问题，就是立规矩的问题。想要分清楚，就要制定规则。类似于公司的职能分配，有的人负责销售，有的人负责技术，如果没有这样的分配，整家公司就会乱成一锅粥。

我和女朋友住，最大的问题是家务的责任分担。我们两个人的家务，最多的就是洗衣、做饭、搞卫生。一开始对于这些家务活，我们都是看心情，我有空了就我做，她有时间了就她做。这就属于很典型的随心所欲。然而没有规则的限制，人的惰性就会展现出来。最后的结果就是，因为没有分配责任，所以我们很少主动去干家务，大家都拖到家务活不能不干时，才会去干。比如：地实在脏到不行了；很多衣服没洗，快没有衣服穿了；而为了避免洗碗，我们还会减少做饭次数。

即使这样，我们的消极怠慢情绪依然存在，怎么办呢？我们尝试了一个办法，定规矩，将家务分配到个人头上。最终定下来由我做饭、扫地、拖地，由女朋友洗衣服、洗碗。实行后，我因

为没有了洗碗的压力，做饭的意愿度增加了不少，也愿意花时间去钻研一些复杂的菜式。而且如果我不做饭，她就不用洗碗，我们至少算是利益绑到一起了。更重要的是，我们的目标感更强，大家都知道自己负责的任务是什么，积极性更高。自从做了这个划分后，因为家务活而吵架的情况几乎没有了。

分享这个经历，是告诉大家，立规则是为了你情我愿地接纳对方。每个人的成长环境、家庭背景、社交圈子都不一样，总会有一些不合拍的地方。如果强行要求谁必须接纳谁，肯定会闹矛盾。这个时候就需要一个大家都认可的规则，来让彼此达成共识。

**规则的作用，是让两个意见有分歧的人达成共识。** 立规则是为了让两个人更好地磨合。

我有一位读者，她的男朋友喜欢玩游戏。在玩游戏时，男朋友没办法及时回应她的微信，而她又渴望他多陪自己，因此非常烦恼，男朋友一不回微信就焦虑。根据这个情况，我教她定一个规则：每晚约定一个完整的时间段，比如 9 点至 10 点，两个人必须专心陪对方聊天。其他时间，没什么大事就别联系。按照这个规则执行了一段时间后，他们每天聊到都舍不得停下来。因为规则中说明了，除了约定时间，其他时间没什么大事就别联系，所以两个人格外珍惜这 1 小时的接触时间。我的读者通过每晚 1 小时的高质量沟通，很大程度缓解了自己的陪伴焦虑；她的对象可以在约定时间外去开开心心玩游戏，不用时刻担心自己没有及时回复消息。这是一个双赢的局面。

关系的破裂，并不是一下子就恶化的，而是从每次一小步的违规开始。规则的作用就是从源头去断绝违规的那一小步。

不要觉得关系中有了规则会变得没有自由。恰恰相反，有了规则后，你们会更加自由。有句话叫"无规矩不成方圆"，感情中也是一样，如果双方没有各自约定好一些规则，两个人就像没有道德限制的人，会变得肆无忌惮。

规则并不是去限制对方的自由，有规则的自由，会让你更加自由，要学会"戴着镣铐跳舞"。

我们来列举一些生活中大概率会遇到，建议最好提前制定规则，避免临时争议的事情。比如：

家务活的责任分配；
绝不能逾越的底线，如自己绝不允许什么行为出现；
大额消费；
重大决策，如买房、买车、考研、孩子读书、换工作等。

以上规则的建立需要注意：

1. 规则是规范双方的，而不是只规范某个人，另外一个人可以游走在规则之外。
2. 奖励。如果双方都能遵守规则，则要定期奖励彼此，强化执行的动力。
3. 惩罚。如果双方之中有人违反了规则，一定要进行

惩罚。没有惩罚的规则，等于没有规则。

最后分享一个我自己用来培养感情的规则：定期进行一次"吐槽会"。我跟女朋友刚在一起的时候，也会经常吵架。后来，我们定了一个规则，每周都开一次"吐槽会"。

  1. 说出对方最近一周做了什么让自己不开心的事情，产生了什么感受。
  2. 说出对方最近一周做了什么让自己很开心的事情，产生了什么感受。
  3. 承认自己做错了，并且允许对方惩罚自己。
  4. 承认自己做得好，并且要求对方奖励自己。
  5. 所有事情过了今天不允许再提，有问题今天沟通完。

通过这个办法，既能让对方知道自己做错了什么、做对了什么，同时辅以惩罚和奖励，慢慢修正彼此的行为。

## 只要对方改变了，我们就会好起来吗

很多读者相处中出了问题，会来问我怎么改变自己的男朋友。很明显，在问我之前，她们多多少少肯定尝试过去改变对方，但是结果不如人意，于是才想到来找我。而这是一种相处上

的思维误区：只要对方改变了，我们的关系就会变好。真的会好起来吗？并不会。这个问题具有普遍性，所以我们展开来说说，一点点来拆解分析这个思维误区。

为什么要对方发生改变？

正常来说，两个相处愉快的人，是不会想着去改变对方的。因为现状已经很舒服了，没必要再做出太多的改变。当一个人总想改变他人时，说明你们之间出现分歧了，并且这个分歧让你很难受。同时，这个分歧靠你自己来处理的话，心里多少会有点委屈。比如，你希望每天都要空出一定的时间，两个人聊聊天、说说话，但是对方觉得没必要天天聊。这就是分歧，你们之间任何一个人都可以通过妥协来解决这个分歧。但是谁妥协，谁就会觉得委屈、不舒服。这个时候，自私的一面就表现出来了，谁更加受不了这个分歧，谁就更想改变对方。这是产生改变念头的缘由。我们接着分析，改变了之后，关系真的会好起来吗？

改变一个人的难度非常大，即使对方自愿的前提下，也需要时间和主动练习来产生改变效果。如果对方不愿意改变的话，那么这个可能性就几乎为零。抛开愿意与否的问题，还有一个最坏的结果就是一方因为害怕这个分歧会导致分手，最终委屈自己改变。这是一种不乐意，但是强迫自己改变的状态。就像我小时候不喜欢吃青椒，但是我妈妈威胁我不吃就不给我做饭吃了一样，虽然我迫于威胁会吃掉青椒，但是并不代表我妥协了。我长大后，能够自力更生了，青椒我是碰都不会再碰的。虽然我妈妈的初衷是为了我好，就像每个想要改变别人的人一样，他们的初衷

也是为了别人好，但是并不妨碍我讨厌这种改变。

通过这种方式解决分歧后，你们的关系似乎变得更好了，实则暗流涌动。因为对方时刻抱着一种"我为了你、为了这段感情做出了改变，怎么回报我"的心态。这是一种交易心态。交易讲究的是等价交换，今天我委屈自己换来感情的稳定，那么我的潜意识里，就会觉得你也应该为了我做出一些改变。以后如果再次遇到分歧，就换成你来改变了，如果你不乐意，那么对方就很容易拿自己曾经做过的改变来和你对峙。这个时候，就会响起那句熟悉又可怕的话："我都为你做了这么多了，你怎么不愿意付出一丁点？"

那怎么办呢？最有效的改变一定来自内在的冲击，而并非外在所列出的各种规条。每一次自发性的改变，都几乎源于外在的冲击给了自己深刻的内在体验。这种就是内在的冲击。内在冲击所产生的改变想法，属于伴侣自发性地去改变，伴侣不会产生任何不适感，也没有被控制的感觉，更不会有不信任感出现。

可能有读者会觉得，前面说了规则能让分歧达成共识，现在又说不要在意规条，这不矛盾吗？其实不矛盾，规则是让分歧达成共识，但解决不了分歧本身。

再回过头来说，如何让伴侣产生内在的冲击，从而让对方改变？当你想着要怎样去改变别人的时候，你就怎样去改变自己。做好自己，再从生活中、相处中潜移默化地影响对方，最终达到改变对方的效果。

这里的第一个关键是，你得是自发性地去改变自己，真的做

好、做到了。你有了自己真实改变后的感受和经验,才能做好下一步。

第二个关键是,潜移默化地影响对方。要完成这一步的前提是,你已经改变自己了。现在你要做的是,反复告诉对方自己改变之后的感受和变化。但也仅仅是表达感受就好,不要提出期望。

第三个关键是,要及时给伴侣正向的反馈。什么意思?就是当伴侣听完你的分享后,只要有一丁点正向的变化,你都要及时给对方正向的反馈,一个奖励、一句夸赞都可以。

## 处理情感冲突的七个步骤

前文我们提到,伴侣之间几乎所有的矛盾都是从分歧开始的,如果能够在分歧初期就处理掉,可以避免很多不必要的权力斗争。同样,对于已经发生的矛盾,如果能够及时、妥当处理,也不会给关系带来巨大的危害。

很多关系的破裂是因为两个人在遇到分歧时没有适当处理,导致问题恶化成矛盾。恶化之后,也没有及时止损的意识,最终导致不可挽回的局面。

假如两个人因为能不能看对方手机的问题吵个不停,如何处理呢?我们就用这个生活中的经典例子来展开讲讲。

第一步,还原事实。

当两个人争吵的时候,你会觉得没头绪,乱七八糟。这个时

候你做一件事绝对不会错，就是还原事实。还原事实的意思是，描述两个人发生冲突的具体事项和具体感受，不说任何评价、猜想、推导。

两个人因为能不能看彼此手机的问题吵个不停，大家都觉得自己有道理，一直僵持着。这个时候如何还原事实呢？

A：你不愿意让我看你的手机，我心里很慌张。

B：你想看我的手机，我觉得有压力。

以上就是单纯描述具体的事项和感受。如果是评价、猜想、推导，就会变成以下这样。

评价：你怎么总想看我手机，你控制欲好强。

猜想：你不给我看手机，你是不是外面有人？

推导：手机都不愿意给我看，以后你还打算向我隐瞒多少事情？

这种话只会火上浇油。

第二步，了解想法背后的观念支持。

不同的人，会对同一件事产生不同的想法。那么是什么导致不同的人有不同的想法呢？是一个人的观念。

想看伴侣手机，看不到会慌张焦虑，可能有"爱我就会给我看手机"之类的观念支持。于是一旦发现对方不愿意给自己看手机，便会产生"不给我看就不爱我"的想法，所以会慌张。

第三步，了解核心冲突是什么。

如果你问一对吵架的情侣为什么会吵架，你听到的基本都会是在互诉对方的过错，比如都是因为不给我看手机，我们才吵

架之类的。其实冲突的真实原因并不是"不给看手机",这是结果,而核心冲突是观念差异。

比如,"爱我就应该对我没有隐瞒"和"爱我就应该尊重我的隐私"这两个观念都合理,但是一旦秉持这两个观念的人凑到一起,就非常容易发生冲突。

### 第四步,核实观念是否客观。

观念是一个人过往经历和经验的具体表现,它或许符合你的某些经验,但不一定符合客观事实。这个时候双方都要去尝试挑战一下自己的观念。

比如"爱我就应该对我没有隐瞒"这个观念,如何挑战呢?

反过来提问即可,是不是所有对自己没有隐瞒的人,就一定是爱自己的呢?

提问之后,回到客观世界中去寻找真实的案例来回答这些问题。当你们尝试挑战自己的观念后,也许会发现,它并不那么客观和真实。这个时候,你们才能放下对错之心,去尝试解决问题。

### 第五步,互相提出认为可以解决冲突的办法。

不用管自己的方法是否合理有效,这一步只管提,想到什么办法就提出来。最好具体写下来。要写得具体一些,不能是"我要努力改变自己的心态"这种大而空的说法,这不叫解决方法,这叫愿景。

大家都知道要改变自己的心态,但是具体要做什么,得说出来。具体、可执行,才叫解决办法。"我要考上清华"是愿景,"我每天学习10小时"叫方法。

**第六步,验证提出的办法。**

当你们互相提出足够多的解决办法之后,接下来就要挑战一下这些办法。

1. 能否执行?
2. 对双方是否都有好处?

比如,解决方法 1:以后都把手机给伴侣看。这个办法能执行,但并不是对双方都有好处,只有想看手机的一方得益而已。

又比如,控制自己想看手机的欲望。这个办法听起来很美好,但不可执行,要如何控制自己的欲望呢?欲望又能否被控制呢?

再比如,及时报备自己的行程。这个办法听起来似乎不错,既能一定程度上缓解对方的掌控欲,又不会过度暴露隐私,如果双方都能接受这一点,不妨尝试看看。

**第七步,执行解决方法。**

尝试在生活中加入"报备行程"这一动作,给彼此一个磨合时间,如 2~4 周,然后看看双方的体验和感受如何,是否会有摩擦。

如果双方都很舒服,也没有再因为能不能看手机的问题而吵架,那么这个方法就是可行的,可以继续坚持下去。

如果双方还是磨合不了,说明这个方法暂时还不适合两个人。那么就要回到第五、第六步,重新筛选一个新的解决方法出来。

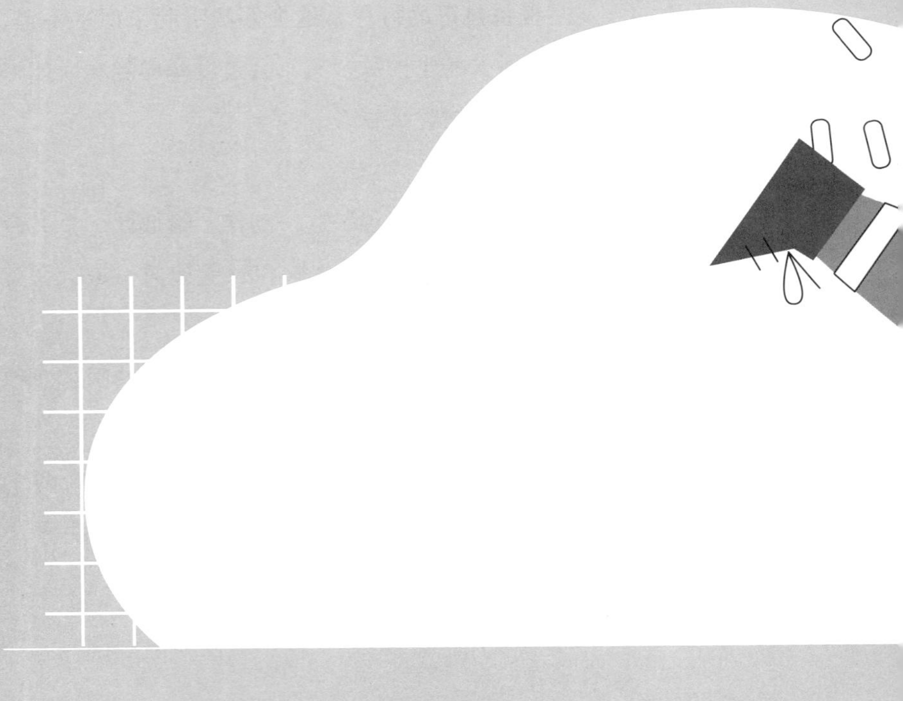

# 第四部分

## 我觉得我的爱情还能"抢救"一下

当关系中的分歧慢慢发酵成了矛盾,最后再演变成具体的问题时,这段关系本身就已经被分歧伤害了。这个时候我们不得不去修复这段关系。

很多人会觉得,只要足够相爱,所有的问题都能迎刃而解。这个想法符合我们对美好爱情的期望,但不符合客观事实。

我们要解决一个问题,做好一件事情,得满足两个条件:第一,意愿度,是否有动力去干这件事;第二,能力,自身是否具备解决这个问题本身的能力。

感情中的问题,足够爱只是解决了意愿的问题,还有解决问题的能力。这个能力,我结合自己的咨询经验,将其拆分为两个核心能力:

1. 双方都有独立处理情绪的能力。
2. 双方都有合作解决矛盾的能力。

每当遇到问题时,先各自处理自己的情绪,然后再处理感情的矛盾。结合这个逻辑,接下来我给大家分享的是关系修复三部曲:

1. 停战：独自处理情绪，缓和气氛，停止对抗，恢复对话。

2. 对话：沟通核心欲望，找到核心矛盾。

3. 行动：找出解决方案，执行解决方案，验证可行性，查漏补缺，迭代升级。

下面我们逐章展开来讲。

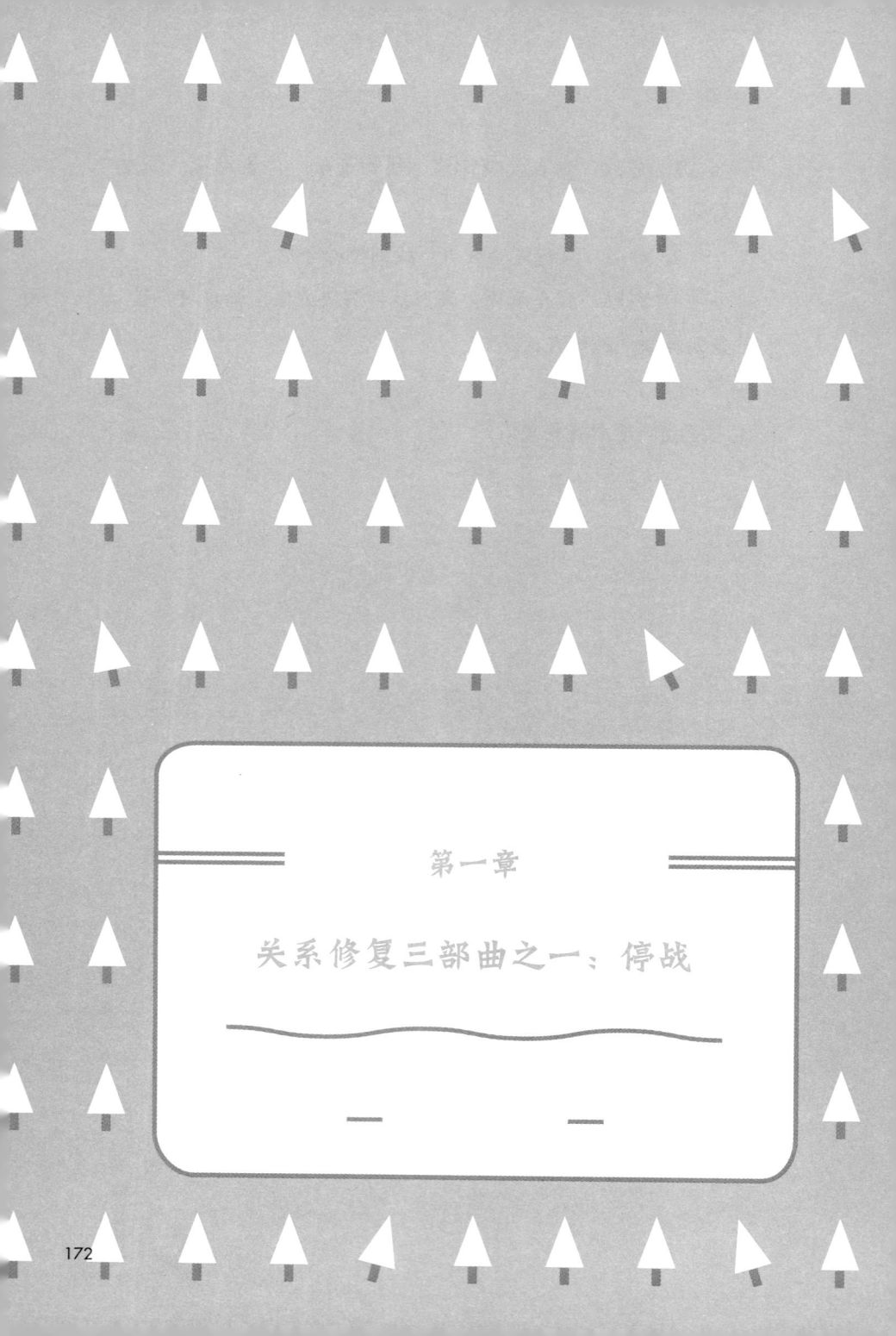

# 第一章

## 关系修复三部曲之一：停战

## 忍不住想提分手时，可以这么说

有位读者与男朋友分手了，属于很冲动的那种分手。事情是这样的：男朋友跟她互道晚安之后，女生以为男朋友去睡觉了。但是之后女生发现男朋友在跟朋友偷偷玩游戏。然后她就很生气，觉得被欺骗了。于是找对方理论："你玩不玩游戏我不介意。我介意的是欺骗，你能别那么恶心吗？"男生反驳道："你能不能别天天监控我？"女生一听到"监控"两个字就火了，直接说："你好好玩你的游戏，我们分了吧。"男生也直接一口答应："行！"

可是到了第二天，女生就后悔提分手了，于是来找我帮忙。对于这种情况我每次都特别无奈。因为找我的时候，局面已经非常被动了。为什么说非常被动呢？因为这种局面像是一种极限施压：你在逛街，看中了一个包，特别喜欢，基本没什么意外是要买下来了。你想试着讲讲价，就跟老板说能不能便宜点，不能的话你就去别家买了。谁知道老板也是个暴脾气，二话不说就让你去其他家买。这个时候你就尴尬了，要还是不要呢？话都说到这份上了。

就跟我这位读者一样，本意肯定不是想提分手，否则不会事后感到后悔。但是分手的话已经说出去了，就让她进入两难境地。我不抨击这种行为本身，因为大多数人处于这种环境中，不一定可以做得比这个女生好。哪怕换我也会产生一种被欺骗的背叛感。我想说的是她的处理方式。从客观事实上来说，她的处理方式确实对自己不利。

如果提了分手，女生没有任何后悔情绪，甚至觉得轻松愉快，那么这种处理方式非常棒，因为她有效识别出了关系中自己不能容忍的行为。但是她后悔了，说明通过提分手这种极限施压的方式，不是最有利于自己的决策。

其实很多人都特别容易做出这种让自己后悔的选择，这类选择往往是为了避免某种具体的痛苦而做出的决定。比如，为了摆脱单身的痛苦而选择进入婚姻，为了缓解自己的焦虑而去监控对象，为了不早起而裸辞。

当你冲动中想提分手来解决问题的时候，更有利于自己的决策思路是怎样的？

首先回忆一下自己想要的是什么。比如指责对方欺骗你，那你介意的是欺骗行为吗？如果确定了自己介意的是欺骗行为，那么你希望的理想结果是不再有欺骗吗？假如你希望的结果是不再有欺骗，那么先要知道，对方为什么会有欺骗的行为，是天性如此，还是在害怕什么？对方说你天天监控他，是不是你确实有一些不自知的控制行为呢？

往往面对激情分手的来访者，我大抵也是按照以上逻辑去确认一些客观情况。

假如你可以否定对方就是天性爱撒谎这一可能性，那么你就要往下一步，去确认对方到底为什么要对你撒谎。很多人会直接认为，肯定是不爱了才撒谎，或者肯定有猫腻才撒谎。但是请注意，这些都属于一种可能性，而非客观事实。猜想没问题，只要别把猜想当成真的就行。

有了猜想，下一步就要去验证一下自己的猜想对不对。怎么验证呢？直接抛出客观事实去问对方：我观察到你说去睡觉了，但是我又看到你在玩游戏，为什么不敢告诉我呀？是不是我之前的什么行为让你产生误会了？

抛事实提问的好处在于，客观事实是不容反驳的，因为它的确客观发生了。其次就是，你在罗列事实，并没有加入太多主观猜想。没了猜想，对方也不会产生被怀疑感，也不会感受到敌意，对抗心理也会松懈下来，愿意跟你诉说真实原因的可能性也更高。接下来只需要观察对方如何回应你的提问就行了。

## 对方给出什么回应的时候，可以提分手呢？

比如对方就是死活不正面回应你，甚至直接冷暴力。刚好你也无法接受这种忽视，那么你可以提分手。

又或者，沟通完了之后发现是两个人的相处模式导致了对方撒谎，比如因为女生没有安全感，在相处的方方面面都习惯去控制别人来获得安全感，男生恐惧被控制，于是撒谎。那这里还有

回旋的余地，可以尝试沟通看看，能不能协商出一个双方都能接受的新相处模式。假如能协商出来，也的确努力磨合了一阵子，可还是无法让两个人都舒服，自己也无法再忍耐这种不舒服。那么也可以提分手，因为你们努力过了。

其实我最怕你为了发泄一些情绪，或者为了避免某些痛苦而直接提分手，导致结果跟最初自己的期望背道而驰，搞得进退两难，想努力也没机会，这才是日后回忆起来最后悔的事情。

## 给彼此放个假

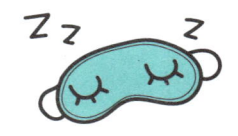

每隔一段时间，就会有读者跟我抱怨，什么男朋友总是回避我，女朋友说狠话很难听，甚至怀疑对方是不是有回避型人格，因为每次想要靠近时，就会被推开。被推开、被回避、听到对方难听的狠话时，你都会很难受，觉得对方根本不爱自己。难道对方不知道这些行为会让你难受吗？接下来我要说大实话了，他们知道会让你难受，这也是他们的目的。那为什么明知道让你难受还要说，真的不爱你了吗？

其实这样做的目的是：让你赶紧停下来。停下什么呢？停下现状，不要再维持现状了，现状让彼此都很痛苦。

举个例子，一个小偷肯定不会无缘无故就在路上跑，他在路上跑，多半是有一个警察在追他。两个人都跑得很累，但是两个人都不能停下来。警察不能停，因为抓贼是他的责任所在，小偷更不能停，因为被抓到就要去坐牢。这个小偷不仅不能停下，还一边跑，一边推倒身边的东西，给警察制造困难。为的就是阻止警察继续追他。你看，那个总是回避你的人，是不是像极了这个小偷？而警察在追逐时，因为被小偷推倒的东西阻碍了一下，于是更加生气了。小偷越阻止警察，警察就越生气，追得就越猛。你看，这个穷追不舍的警察，是不是像极了你自己？在"警察追小偷"这个模式中，大家都想停下来，因为真的很累了。但是真的停不下来，小偷越阻止，警察越起劲。

用挽回的案例来解释这个过程最合适不过。所有撕破脸的分手中，都有一个特征——说狠话。一想到要分手，一想到自己这几年的感情投入全都打水漂了，一想到对方以后会抱着其他人乐呵呵，整个人就绷不住，开始"无能狂怒"。骂对方欺骗自己，一会大哭，一会大骂。对方被你的状态吓到直接缩了起来，不敢面对。一看到对方缩起来不回应自己的情绪，愤怒值又提升了一个等级，然后继续向对方倾泻自己的情绪和压力。慢慢地，对方被骂到受不了了，就开始反击。反击的手段不外乎这几种，要么拉黑删除你的微信，要么就说狠话期望让你死心，比如"我这辈子都不会再爱你这种人了，你这种人让我害怕"等。很多人一听到对方说这样的狠话，就信以为真，其实这些话并不是对方内心的真实想法，只是被逼得受不了了，希望说点狠话来结束自己被骂的现状。

这也是为什么所有的挽回过程，都有一个叫"断联"的步骤，为的就是停止这个"警察追小偷"的模式。

那我们有什么具体的办法可以停止这个模式呢?

想要停止"警察追小偷"这个模式,无非两个方向:

第一,警察不追了,小偷就不跑。

第二,小偷觉得安全了,也不跑。

所以接下来要说的是预防和急救的办法。

预防的办法适用于你们还没有开启模式之前,先做好准备工作。我跟我女朋友相处时,为了避免掉进"警察抓小偷"模式,我们会定期给彼此放假。这个放假的时间并不是固定的。

有时候我觉得累了,就会关上房门,房间里只有我自己,我可以打游戏,我可以看自己喜欢的电影。她看到我关上房门,也不会来找我,她就看自己喜欢的综艺节目。一个下午我们都不会说话,就默默做自己喜欢做的事情。

有时候我的朋友找我喝茶,换作以前,我们会一起出门。但是现在,我会选择自己一个人出门。半天或一天的时刻,就是我们给彼此放假的时刻。

这种感觉就像是工作了五天,然后双休了要出去放松一下。我这么表达,并不是说跟女朋友相处有压力不舒服。而是我能意识到,无论什么事情,过度了都不好。物极必反,你的时间如果百分百分配给了伴侣,你自己的时间就会被挤压没了。这个时候很容易就会开启"警察抓小偷"模式。

急救的办法适用于你们已经开启模式了,应急用的。那就是找一个客观的理由,给你们的关系放一个假。

比如,刚好公司派你去外地出差一周,这一周都不在家里。

或者你自己出去玩一个礼拜，或者去闺密家住一个礼拜，又或者回爸妈家住几天，物理隔断一下彼此接触的时间。

在此期间，没什么急事，也不要微信联系或者打电话。完全不联系的状态就好。一周不联系，不会对你们的感情造成什么影响。

## 独自处理情绪

两个人暂停接触之前，有一件很重要的事就是处理情绪。

一位跟我做过一段时间咨询的读者，她因为失恋导致情绪焦虑，继而产生自我怀疑。在咨询后，她来跟我反馈自己近半年的思维变化。她说咨询过程中，我对她最大的影响是，让她意识到自己情绪的合理性，同时也明白了，情绪是自发并且不可消失的。结束咨询后，她的情绪还是跟以前一样，很容易就波动，动不动就焦虑。但不一样的是，她学会了如何跟情绪共存。以前她一直不理解什么叫和情绪共存，现在她明白了，当情绪来临时，只感受情绪本身，不做任何评价和决定。

在充分的自我感知后，她发现自己对于焦虑情绪的敏感度降低了很多，虽然还是会容易焦虑。但不一样的是，焦虑情绪对她的影响变低了，敏感度降低后，焦虑情绪对她的生活影响程度也降低了。她不再像以前一样，情绪一来，整个人就吃也吃不下，工作也集中不了注意力。这个咨询对她来说太值了，因为以后哪

怕她再遇到更多的问题，也很有信心去面对。

我觉得她的这番反馈特别有意义。

为什么非要和情绪共存？为什么要降低对消极情绪的敏感度？

因为对情绪保持过高敏感度会带来的问题是，极度容易对"焦虑"而焦虑。焦虑本身是一层消极情绪，而对焦虑的焦虑，则是衍生情绪，在焦虑情绪这个温床上所滋生出来的额外消极情绪。这种对焦虑本身的焦虑，本质上来说，属于一种想象出来的焦虑。它不是客观存在的，而是我们要么放大了事情的危害性，要么放大了悲剧结果发生的可能性。而跟情绪共存，可以停止这些想象，既不放大危害性，也不放大可能性。只感知当下。降低对消极情绪的敏感度，就是在降低消极情绪对我们生活的影响。

我失恋了也会难过，然后我就会幻想：糟糕了，我果然是没人爱的了；我以后再也找不到更好的女朋友了；我要单身一辈子，孤独终老了。这一系列的幻想，就是从失恋之后的焦虑情绪衍生出来的，会让我更加焦虑难受。

于是我总结了一个处理办法：就是该吃吃，该喝喝。情绪难受就难受，我的生活节奏不能变，因为我要在固定的生活节奏当中感知当下。当我感知了当下，我就不会产生一堆乱七八糟的幻想。没有了乱七八糟的幻想，原本的消极情绪就不会衍生出更多的消极情绪。这把焦虑的星星之火，并没有燎原起来，就被我扼杀了。

这种感知过程可能有点抽象，我举个例子：一个不开心、很疲惫的人，洗个澡之后，往往整个人状态会好很多。除了热水的温度可以缓解疲劳以外，其实洗澡的过程，也可以让你感知当下。你回忆一下，洗澡的时候，你可以闭眼体验水流撞在你皮肤上的冲击感，也可以感受温暖的水流流过自己的身体。

你所有的感受，都是在当下发生的。这个过程就是感知当下。

还有个更加粗暴的办法，就是森田正念呼吸中所说的，我呼吸，所以我存在。

静坐，先感知吸气后，清凉气流进入口腔的摩擦，然后再感知呼气时，温暖气流划过嘴唇的轻抚。一呼一吸之间，就是你的当下。你现在也可以练习。你越能感知当下，你越不会被幻想的情绪影响。

## 避免对抗

感情消退从来不会是突然之间发生的。感情出了问题就要沟通，但是大家会遇到的一个沟通僵局就是：讨论到最后，到底该谁说了算？

在关系中，张三因为情绪化问题，经常会质问李四。两个人经常因此而吵架。这个时候，李四认为的解决方案是让张三别那么情绪化，但是张三认为的解决方案是让李四别总是引起张三的

情绪。这就是沟通僵局。到了这里，似乎就沟通不下去了，怎么办呢？分享一下我自己是如何处理的。

女朋友之前的说话风格喜欢指责我，我经常感觉到不舒服。一开始面对这个情况，我的想法是：我不舒服，而我的不舒服是你引起的，你要为了我的不舒服做出改变。这个想法对应的行为就是：直接要求女朋友，别总是指责我。带来的结果是：她开始产生对抗心理，开始反抗我，对我说"凭什么要我改？我家里就是这样的说话风格，你忍忍不就好了"。

我这种表达逻辑是直接要求对方做到某些事，会让她体会到一种被控制的感觉。沟通到此就发展不下去了，她不愿意改，我也还是不舒服。怎么办呢？

后来我尝试了一个新的沟通逻辑，就是在这段关系中，我不舒服，我自己也处理不了这种不舒服，我们怎么办呢？变化之处在于，我不再强行用我自己的解决方案要求她去执行，而是先客观摆出问题，然后询问如何解决，引导我们一起去面对问题。这个时候她就会根据自己的经验，提出她自认为可行的解决方案，比如说让我忍忍。可是怎么忍呢？不够具体，于是我继续追问："那我具体要怎么忍呢？我不知道怎么做。"她再次将她的方案具体化给我："你听到我指责时，就想我也是这么对家里人的。"听完她具体化之后的解决方案，我不会马上拒绝这个方案，我会按照她的解决方案，执行一段时间。

当她再次出现指责语气时，我按照她的方式，忍了，尝试去理解她也是这么对待家里人的。但是最后发现还是不舒服，于是

我反馈给她，按照她的方式去执行了，还是不舒服，还是调整不过来。所以我顺势提出自己的解决方案："我这里刚学习了一个办法，配合我试试好吗？"

因为我自己也的确按照她的方法去执行了，我还是不舒服，这个时候也的确没辙了。那我顺势提出我的解决方案："你想指责我的时候，直接告诉我怎么做就行，别指责我。"

她一听，也不难做到，于是我们就执行看看。再后来，她有不爽的地方时，会直接告诉我，她希望我怎么做。虽然她的语气有时候还是很冲，但没了指责的性质，加上我也继续沿用她的办法，稍微有点不舒服的时候，就脑补她也是这么对家里的，而不是针对我。双管齐下，共同努力，我们没有因为这个问题再吵过架。

从她的角度看，这么多年下来，包括跟家里人接触都是偏指责的风格，甚至在她自己看来，这是爱一个人的表现。如果我一开始就用自己的方式要求她别指责我，直接告诉我怎么干就行了，她肯定会有抵触心理，她会觉得凭什么要她改，是我接受不了这种风格，我要自己调整。但如果我先按照她认为可行的执行方案去尝试，因为真的没效果再提出自己的方案，就很容易了。

当然，有的读者可能会说，如果是我老公，肯定就会说我没用，这都做不好。这个时候怎么办呢？其实这种情况，我也遇到过。我一开始反馈的时候，她的确说为什么不行呢，我自己都可以，你怎么就不行了呢？而我当时的处理方式就是服软。

*我承认我确实做不到,而事实上也确实如此。她见我承认了,也没啥好说的。两个人只要有一个先服软,对话就不会往对抗状态发展。*

这个服软,不是因为觉得自己没用,又或者觉得自己卑微之类的。事实上,我确实没做到,但是我不会承认我没用,我只是说我做不到。其次,服软是为了推行我自已认为可行的解决方案。

这不是一种妥协,毕竟她的方案到底有没有用,我也不知道,我也真的去尝试了才给她反馈,而不是直接一口拒绝。

## 缓和气氛,恢复对话

上一节说的情感沟通困局中,大家还是愿意沟通的,只是要注意避免对抗状态。这一节要说的就是吵架了,或者遇到一些矛盾时,对方回避沟通的困局。

遇到这种情况,你肯定知道需要去沟通才行。这是对的,但对方就是不乐意沟通,怎么办呢?不沟通的话问题解决不了,可是对方又不愿意配合去沟通,似乎是死局。这种情况要怎么处理呢?我说个经历你就懂了。

我之前养过一只乌龟,有一次我闲着无聊去逗它玩,我刚把手伸进龟缸里,它就很机警地缩进了龟壳中。我看到它缩了起来,就更加卖力去戳龟壳。可是无论我怎么敲打它,它都没动静

了。后来我没了兴致，就放下它去玩手机了。有趣的是，过了五分钟后，我去上厕所的时候，瞄了它一眼，头又从龟壳里面伸出来了。可是我一靠近龟缸准备去逗一下它的时候，它又缩起来了。

其实这特别像跟回避沟通的人相处的样子，你的某个行为引起了对方的警觉，对方就缩了起来。就跟乌龟一样，感知到周围有危险了就会缩起来。如果你还一直像我这样，在外面敲打它，逼问对方，那么它只会缩得更厉害。可是你不管它了，自己做自己的事情去，就让它自己躲着。它反而觉得安全，就会冒头了。

其实回避沟通的人，不一定是在回避沟通本身，只是在回避沟通方式而已。针对这种回避沟通方式的人，最优先的解决方案是，停止目前的行为，让他先伸头出来。

这个解决方案的目的是恢复沟通，不然对方一直躲在"龟壳"里，你们怎么沟通呢？感情沟通的第一步，一定是缓和气氛，让双方都进入一个能够平和沟通的环境当中。我分享几个关于恢复沟通的方法给你。

有一个读者每次跟女朋友产生矛盾后，就会一直暴躁发脾气。女朋友看到他发脾气就不说话。他就更急了，然后更加歇斯底里地喊："你倒是说句话啊，你一声不吭什么意思？"可是他越急，女朋友就越回避沟通。这个时候其实就是女朋友缩进了她自己的"龟壳"当中。因为她看到男朋友歇斯底里的样子就会觉得，当前不沟通比沟通更好。后来这个沟通困局怎么处理呢？我分享了一个办法给他,就是通过写信的方式,按照非暴力沟通的逻辑去写一封信。

写信的优势有两个:

第一,写的过程有利于自己重新梳理问题,减少情绪化表达的可能性。

第二,写信属于非即时性沟通,不用看了马上回复,双方都有思考的时间。不像面对面这种即时性沟通,需要马上给一个回复,压力巨大。

出乎意料的是,通过写信的方式交流后,女朋友也愿意恢复沟通了。于是两个人就一直通过写信交流想法。两个人对话的通道又打开了。来回几次后,男生没了脾气,女生也不那么恐惧,并且双方了解的信息也更多了。鉴于前面书信来往的沟通铺垫,两个人在正式面聊的过程中,效果出乎意料的好。这是第一个建议。

第二个建议是,除了写信这种方式以外,还可以通过找一件"非对方不可,但又无关紧要"的客观小事来询问对方。比如两个人如果养宠物,可以询问相关的问题,这就属于"非对方不可,但又无关紧要"的事情。这种客观小事的好处在于,可以让彼此有台阶下。

因为你不是故意去找对方的,不会显得突兀又尴尬。你是有正当理由去找对方的,通过这种客观小事开启话题后,再恢复两个人之间的沟通,就会顺畅很多。

第三个建议,你可以在两个人的生活当中刻意制造一些小麻烦,以此达到恢复沟通的效果。比如你偷偷将空调关了,然后把遥控器藏起来,那么对方在找不到空调遥控器的时候,就会重新跟你开启对话。

　　第四个建议,刻意一起完成一个小任务来开启对话。比如你正在做饭的时候,需要对方帮你剥一下蒜,那么就请求对方帮你一下。又比如你洗完衣服后,需要晾衣服,但是衣架不够,也可以让对方帮你拿个衣架,然后邀请对方跟你一起晾衣服。当你们两个人一起完成一件事情后,尴尬的氛围就能缓解不少,再过渡到沟通阶段也会自然不少。

# 第二章

## 关系修复三部曲之二：对话

关系之间，大多数人不可调解的矛盾，实际上只是解决方案之间的不可调和。比如很多女生会要求男生回复微信的速度快一些，但男生一般会觉得没必要，就不愿意配合。

女生希望快一些，男生觉得没必要，两者确实不可调和，谁都不愿意低头。那是不是无解呢？单从解决方案的维度上说，确实无解。但是我们可以跳出解决方案这个维度来看问题。

回复微信的速度快一些，这就属于解决方案。那么这个解决方案，在解决女生的什么欲望呢？而这个欲望所对应的解决方案，是否只有一个呢？比如女生希望及时回复微信这个解决方案，可以解决女生缺乏安全感的问题。那么解决安全感这个问题的解决方案，是不是只有及时回复微信这一个呢，有没有其他的呢？

如果找到了其他也能满足安全感问题的解决方案，是不是就能解决缺乏安全感的问题了呢？

## 换"维"思考

大部分读者在运用换位思考的时候，最常用的一个办法就是：如果是我，会怎么样？就是在一件事情中，把对方的角色直接粗暴地换成自己，然后用自己的思维模式去思考会怎么样。这个办法很简单，但是很遗憾，这个方法是错误的。

真正的换位思考，是要摒弃自己的思维模式，更换成对方的思维模式，然后切换到对方的环境当中，再去思考的一个过程。与其说换位思考，不如说是换维思考更加合适，因为换的不是位置，而是思维模式。

有个读者是急性子，她每次跟老公吵架，老公都会冷战，不说话，也不哄她。她很抓狂，想不通为什么他会这么对自己。后来她的朋友提醒她，要换位思考，多站在老公的角度去思考一下，替他着想。然后，她经过一晚上的换位思考后，终于得出了一个结论：他不爱我。当时我一听，这是哪门子换位思考？然后我就让她将她换位思考的分析过程讲给我听听。她这个分析过程非常具有代表性，很值得拿出来对照一下自己有没有中招。

> 如果我是我的老公，我会直接沟通，不会冷战。因为我是不会让我爱的人忍受那么久的冷暴力的。只有不爱的人，才会选择冷战，因为没耐心了。现在他就是不哄也不沟通，还冷战。肯定是对我没耐心了，不爱我了。

你会发现，上面这个思维过程，我的读者依然只是用她自己的思维模式，套用到她老公的身份场景中。这就是她的换位思考出了问题的原因。

用自己的思维模式，去推断别人行为的合理性，得出的结果一定是有问题的。因为每个人的思维模式都不同。

真正的换位思考应该是，切换成她老公的思维模式，再去思考。她老公遇到问题的时候，会习惯性躲起来先自己思考问题，这个躲起来的过程，就是他精神世界的港湾，是他用来逃避和自我修复的地方。在这期间，他不喜欢被打扰，这时候他会将问题反复斟酌和思考，然后得出解决的办法。而这个过程对外的呈现，就是我的读者所理解的"冷战"。这个"冷战"对我的读者而言是问题，但是对她的老公而言则是解决方案。

**有时候你的问题反而是别人的解决方案。**

我的女朋友在这一点上就做得特别好。她是一个睡眠很浅的人，同时她还有过因为邻居打游戏太大声而被吵醒的经历，所以她特别讨厌打游戏的人。有一段时间，因为接咨询导致我整个人负能量比较多，需要释放一下。所以有一天晚上，在她要睡觉的时候，我跟她说我想玩游戏，而她并没有反对我玩。

因为她懂我的思维模式，也知道我接咨询积累了很多负能量。知道我通过玩游戏去厮杀，可以释放自己的压力。**所以她并没有因为自己的主观讨厌而不让我玩游戏，因为她知道玩游戏对我而言是个解决方案。**

当然我也很懂事，插上耳机，减轻了鼠标点击频率和键盘敲打力度，安安静静地打了几个小时的游戏。

如果一开始她就阻止我玩游戏，那么我的负能量得不到释放，最后我甚至会归咎于她，那么一场吵架就在所难免了。

最后总结一下，所谓的换位思考，并不是简单地，让你站在对方的角度去思考。而是要用对方的思维模式，再站在对方的角度去思考。

**表达真实感受**

有个来访者来找我，说男朋友不够关心她，出去吃火锅也不点她喜欢吃的东西，她觉得男朋友不够爱她。我就问她："你有告诉他，你吃火锅的时候喜欢吃什么吗？"她回答没有。我一脸蒙地问："你不说，他怎么会知道呢？"然后她说："他是我男朋友，他不是应该知道我喜欢吃什么吗？"

很多女孩在谈恋爱的时候，最喜欢的一件事就是让对方去猜。猜对了才是一个合格的男朋友，要我说啊，如果每次都猜对了，那不是合格的男朋友，那是天才型的男朋友。你想，你的父母都未必能知道你的所有需求和爱好。生你养你十几二十年的人都做不到，你期望一个认识了一年半载的人做到懂你，合理吗？

不知道是否受偶像剧的影响，大家似乎都喜欢让伴侣猜。其实让伴侣猜，是一种试探对方是否重视自己的行为。比如让对方猜你喜欢吃什么水果，猜对了就说明对方是重视你的，猜错了就说明对方不够爱自己，不然为什么猜不到。

这种试探的行为，我不建议大家乱用。因为你试探的只是对方的洞察能力、关注细节的能力、逻辑推演能力，而不是对方是否重视你、爱你。对方猜中了你喜欢吃什么水果，只能说明对方的洞察能力很强，段位比你高，并不能说明对方爱你。

真正谈恋爱的人，都会直接说我想要。谈恋爱的过程，最忌讳的就是不真诚，什么都藏在心里，既没办法让别人了解自己，也没办法让自己的需求得到满足。

我以前谈恋爱的时候，会有一个观念，就是如果她是我女朋友，应该懂得我的所有需求。我喜欢被秒回，我喜欢被重视的感觉。后来我自己生了几次闷气之后发现，对方真的不懂。

所以这个时候，**最高效的办法是，直接告诉对方自己的真实想法**。而不是让对方猜，也不是自己一个人瞎忧伤。你喜欢吃草莓，你就说；你喜欢对方抱你，你就说；你喜欢工作的时候不被打扰，也可以说。不说，对方根本不知道你想要什么，所以只能用自己认为对的、好的方式来对待你。最后你却说，你不想要这些。

正确地表达自己，也是一门技术活。

我接过一对情侣咨询。女生一直在说男生忽略了自己的感受，从来都不关心自己。而男生却一直在说，她从来都不说她想干什么。有一次，女生说家里太乱了，看着就难受心烦。于是男生接话，那咱们出去走走吧。然后女生心态就爆炸了。

听到这里时，我隐约知道问题出在哪里了。我就问女生："你想要表达的是，希望打扫卫生，收拾一下家里是吗？"女生说："对，就是这个意思。"然后我问男生："你接收到的信息是这个吗？"男生说："不是啊，她不是说心烦吗，我就想着带她出去散散心。"女生忍不住插嘴了："我说得不是很明显了吗，家里太乱了，得收拾了，懂不懂！"

到这里，其实就已经发现根源问题了。女生没有正确地表达出自己的需求。她只描述了现象，就是家里乱、她很烦，但是没有表达出她想要打扫卫生的需求。她错以为男生会通过家里乱这个信息点，推论出需要打扫卫生这个结论。但是男生的关注点却是女生心烦，那就带她出去走走，缓解一下心情。从某种角度说，男生其实第一时间关心到了女生的情绪问题。

所以我们就看到，面对女生很心烦这个问题，女生需要的解决方案是打扫卫生，但是并没有说，男生提供的解决方案是出去走走，散散心。

其实只要一开始，女生说家里很乱，她很心烦，咱们来一起打扫卫生吧，问题就解决了。根本不会有后续的问题。表达需求不可耻，可耻的是不表达需求，还期望别人能够读懂你，这就过分了。

有一次我在家打游戏，我妈又看到了，就说我："年纪都这么大了，还跟个小孩子一样天天玩游戏。"听完她的"吐槽"后，我笑了笑，并没有出现什么烦躁的情绪。如果是其他人指责我，我也许会觉得被冤枉，我哪有天天玩，就今天玩了一下，也要拿

出来说。

　　其实这种场景在以往的回家经历中，并不少见。以前回家时，一到家我就躺在沙发上玩手机，要么就是看电视。然后我妈看到了就会来"吐槽"我，说我整天就知道玩手机，眼睛都要瞎了。那时候我被她说，就会很烦躁，觉得她为什么总想控制我，不让我舒舒服服躺一下。

　　同样都是来评价我的行为，为什么现在我不烦躁了，而之前却很烦躁。到底是什么造成了两者之间的差别呢？

　　因为我现在知道了，这就是她的行为模式，她是在表达关心，只是用了一种攻击的方式而已。虽然她的表达方式依然会让我不爽，但也只是很表层的不爽情绪而已。换言之，就是我能理解她的行为了。

　　就像我在大街上看到一个人，对着每个人都笑嘻嘻的，甚至还伸手去触碰别人。我肯定无法理解为什么这个人会如此不文明。但是当有人告诉我，这个人有精神病，那我就能理解这个人的行为。就跟我妈一样，当我不理解她的行为时，我就会用自己的经验去猜测她的行为，乱想一堆不该有的猜测，会觉得我妈是不是讨厌我啊？是不是嫌弃我啊？

　　而我的烦躁也只是最表层的情绪，更底层的情绪是恐惧，恐惧我妈不爱我了，所以我才会不爽、烦躁。而当我理解了她的行为之后，底层的恐惧情绪消失了，表层的烦躁情绪也降低为不爽情绪。

　　这也是我在之前的文章中，一直强调修复关系靠的是真实

的沟通，去表达自己内心真实的想法，展示自己真实而柔软的一面，而非其他所谓的技巧、套路，这些东西终归都是不长久的。

想要让别人了解你、理解你、看见你，你就得去展示自己真实的一面，否则结果就像我的经历这样，哪怕她是我妈，我不理解她的行为时，就会认为她这是不爱我的表现。

我有一位读者的分手原因就是，彼此从来不愿意展示自己真实的一面，导致两个人之间的误会越来越大，最终分手。每次她遇到困难，就会去找男生借钱，也不是图他的钱，女生本身的家庭条件也不错，这只是她用来验证男生是否爱自己的表现。而男生基本也都愿意借，所以她也挺满意的。

直到后来有一天，她无意中在他家发现，他竟然有个小本子，是专门拿来记账的，当然也包括女生的每一笔借钱记录。这让她很受打击，觉得男生把她当成外人一样，还要记账。于是她憋着一肚子情绪，日常聊天中也不好好说话。直到后来因为一件很简单的小事，她爆发了情绪，指责男生的记账行为。男生特别不能理解，他只是单纯记个账单，怎么就成了把她当外人了呢？

然后她也不解释自己为什么生气，就是一味指责男生让她不爽的记账行为；而男生也不去解释自己的记账行为，只知道反驳她的观点。吵着吵着男生就开始说这个女孩子拜金，是图他的钱。这话一出，女生心头一酸，眼泪就绷不住了。最终两个人的误会越来越大，感情也被消耗得差不多了。

其实整个过程，只要他们之间有一个人愿意去解释行为背后的情绪，都不至于积累这么多误会。这也是大多数人容易犯的一个错误。女生需要告诉男生，借钱只是一种获得重视的方式，而记账这种方式会让自己感觉不被重视。很明显，女生不说，男生是无法感知到这一层情绪的。而男生也只需要告诉女生，记账只是自己的一种生活方式，就算是对待自己的爸妈也是这样处理。男生不说，女生也感知不到这一点。

很多时候，亲密关系中的误会就是这样产生的。讽刺的是，正是因为你过于在意对方，导致一丁点不符合自己期望的行为出现，都会胡思乱想。

请记住，一定要表达出自己行为背后的真实感受。对方并不会按照你期望的方式理解你的行为，如果你不解释清楚，对方只会按照他自己的经验去理解你的行为。有时候对方的经验和你的期望是完全不同的。

## 如何通过沟通发掘核心问题

能否有效沟通，有时候并不是技巧的问题，也不是共情能力的问题，而是你的目的性问题。怎么理解呢？就是你发起沟通的目的是什么，这个问题本身，就决定了你的沟通效率。

沟通的本质目的是互换信息，达成共识。而大部分人将沟通演变成了说服。什么时候我们才会去说服一个人呢？就是谁获益，谁就会主动去说服。

读者问我:"老师,为什么我男朋友总是不愿意和我沟通?"我问:"那你沟通的目的是什么呢?"她答:"让他及时回我微信呀,别动不动就不回信息,很没安全感。"在她看来,这是沟通,但是在她男朋友看来这是说服,或者说是命令。因为她的沟通目的并不是达成共识,而是让男朋友按照自己的意思去做。这也是男朋友为什么不愿意和她沟通的原因之一,因为受益者是她自己,而她男朋友是没有太多收益的。所以这就违背了沟通的本质目的——达成共识。而达成共识有一个前提条件,就是双方受益。简单点说就是,如何让两个人都去坚持做一件事呢?那就是让参与这件事的两个人都有收益。

还是前面的例子,男朋友不回微信,于是女生想要沟通,但是男生拒绝沟通,这个时候,怎么办呢?女生的收益是可以获得男朋友的改变,及时回信息,获得安全感。而男生的收益几乎为零,甚至还需要额外花精力去及时回复消息,不仅没有收益,还有消耗。

似乎陷入僵局了,怎么办?这里我们就要回到沟通本质的第一要素:互换信息。女生为什么没有安全感,安全感缺失会带来什么后果,这些信息,男生都是不知道的。男生知道的信息只有一个:我要及时回消息,不然她就没安全感。

所以这里面,女生需要额外补充两个信息点:

第一,为什么没有安全感?因为小时候父母总是重男轻女,从来不会关注自己,只知道照顾弟弟,导致自己长大后对于关注度这件事有着极大的渴望,所以会对男朋友回复信息的速度如此敏感。

第二，安全感缺失会带来什么后果？之前谈过一段感情，也是因为安全感的问题，导致对方觉得自己太矫情，最后分开了。

通过这两个消息，男生就知道了她没有安全感的背景，以及如果没有解决女朋友安全感问题的话，就会有分手的可能性。当信息足够清晰后，双方就可以摊开来讲，而不是双方都不清楚彼此的情况下，试图去说服对方。

如果男生觉得，自己付出及时回复的精力，就能让女朋友获得安全感，这件事情是值得做的，那么就会答应对方，达成共识。如果男生觉得，这样是治标不治本的，接受不了这个处理方式，这就是无法达成共识了。

问题本身是安全感缺失，解决方案是及时回复消息，但是这个解决方案双方无法达成共识。**那么双方就要共同协商一个新的解决方案。** 比如每天固定一个时间点进行语音通话，汇报自己一整天都干了什么，以此来增加女生的掌控感，有了掌控感，安全感问题就会慢慢消失。男生觉得这个解决方案不错，女生也能接受，于是就达成了共识。在我看来，这样才算是一次有效沟通的过程，而不是两个人扯着嗓子对骂、翻旧账、指责、攻击对方。

**需要注意的是，有效沟通的结尾，一定要有一个有效结果，并且这个结果是双方都能够接受的，而不是单方面认定的结果，也不是某种社会上约定俗成的那种结果。**

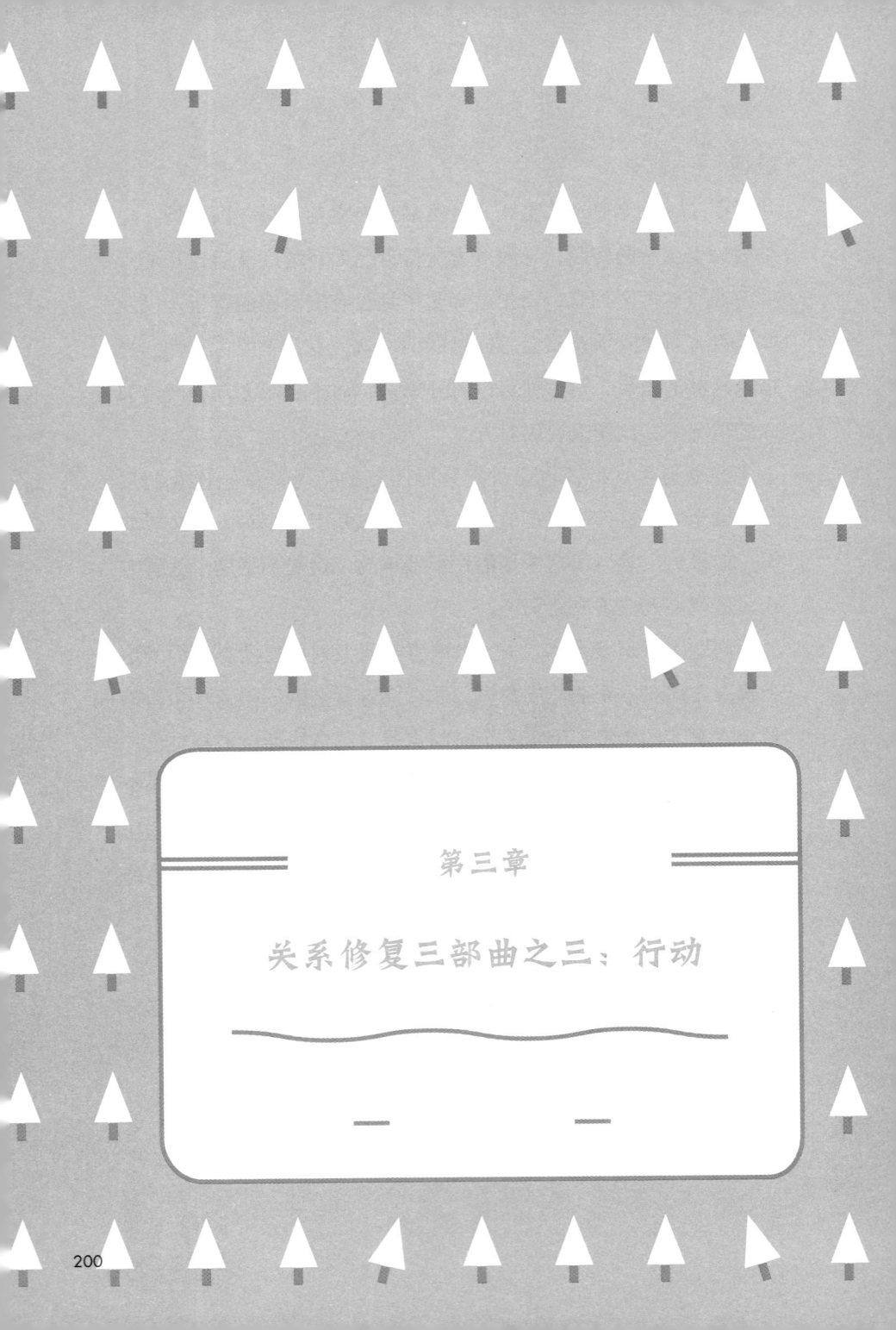

# 第三章

## 关系修复三部曲之三：行动

**如何找到可执行的解决方案**

很多人觉得，发现核心问题之后，问题就会自动解决。其实还有一步，就是得具体去执行解决方案，这一步至关重要。我一直认为，每个人都具备解决问题的能力，只是有的人没能将这种能力发挥出来而已。那么，如何发挥解决问题的能力呢？

我总结了一个办法，叫作"十步登天"。之所以叫这个名字，是因为大多数人解决不了问题的原因之一是，都想着一步登天。叫十步登天，并不是真的要分成十步，而是希望你做事情一定要有阶段性，别总想着一步登天，步子迈太大容易摔倒。

我结合自己的经历来解释一下，就拿早起这件事来说，我的最终目标是：每天坚持 8 点起床，写完文章和视频稿。今天我定下了这个目标，第二天立刻 8 点起床开始写东西。那我一定坚持不了几天就会放弃。因为生活规律的变化太大了，适应不过来，这就叫一步登天。十步登天的意思就是，将本来的"一步"拆分成"多步"，通过低难度、多频次去完成。

我的现状是"不早起",而目标是"8点早起写东西"。从现状到目标的过程中,我可以穿插一些阶段性目标。先从"不早起"到"8点起床,然后打游戏",因为有自己喜欢的事情(打游戏)作为驱动力,所以我会动力更强,也更容易完成。再从"8点起床打游戏"到"8点起床,写100字内容,再去打游戏",写一篇文章和写100字的难度是不一样的。有趣的是,我只要写开了,哪怕几十字都好,灵感来了,我就会洋洋洒洒一直写下去。最后就慢慢从"8点起床,写100字内容,再去打游戏"过渡到"8点起床写东西"。

如果我能经常从写100字当中获得灵感,然后延伸出很多有趣的内容,这个过程本身所获得的正反馈,是远远高于游戏这种短期刺激的。整个过程中,每一小步的难度都不会很高,而且充满正反馈。早起的正反馈是可以打游戏,坚持写100字的正反馈也是打游戏。

这个就是"十步登天"的运用逻辑,为什么特地要写出来呢?其实我想说,在亲密关系遇到问题,也可以用这个逻辑来处理。

比如修复感情。我有位读者因为没安全感,总是在感情里试探、作、闹。最后对象说要冷静几天思考一下关系。面对这种矛盾时,如何用"十步登天"的逻辑来处理呢?我们先来看看目标和现状。

目标是恢复到和谐相处的关系,现状是冷处理。

你想睡一觉之后,第二天就能从"冷处理状态"变成"和谐相处状态",这就是一步登天的想法,不现实。中间一定要经历

阶段性发展，比如"冷处理—能沟通—能深入沟通—能沟通感情问题—和谐相处状态"。

如果将解决过程当作一次走楼梯，我们要从一楼走到三楼，那么每一步要怎么走，下一步要踏到哪个台阶，如何判断呢？换言之，我怎么知道下一个阶段到底是什么？比如"冷处理"的下一个阶段为什么是"能沟通"，而不是其他的呢？每一步的"楼梯"到底要怎么判断呢？一个非常简单的办法，我们走楼梯是不是一个台阶比另一个台阶高一点点呢？那么同理，只要下一个阶段能比现状好一点点就是你的下一步楼梯。比"冷处理"好一点点就是"能沟通"；比"不早起"好一点点就是"早起打游戏"；比"天天吵架"好一点点就是"一周只吵一次"。

男生追女孩也一样。双方刚认识，比刚认识好一点点，那就是深入了解一些；比深入了解再好一点点，就是能够一起出去玩；比能够出去玩再好一点点，就是能说一些暧昧的话；再好一点点，就是能做一些暧昧的行为，直到最后确认关系。

可很多人在意识到现状和目标隔着巨大鸿沟时，就已经被吓坏，然后掉头走人。这就是为什么你一定要拆分目标。

## 感情不会一天就变好

有个人来问我："找了个咨询师，说一个月内能帮忙挽回感情，靠不靠谱？"我说："不靠谱。"为什么呢？你记住，几乎只

要给你承诺达成时间的咨询，比如一周挽回、一个月修复关系等，几乎都不靠谱。

因为稍微懂点心理学都知道，人类的情绪几乎不受控制。并不是说你做了一件非常感动的事情后，你们的感情就能自动修复，以往的矛盾和问题也不复存在。这个过程就跟你牙痛的时候，吃了一颗止痛药，你觉得不痛了、舒服了，你以为就没事了吗？不是的，只是止痛而已，不是根除让你牙痛的根源问题。

我在做咨询的过程中，很多人喜欢问我，多久可以修复感情？多久可以走出来？多久可以和好？我都是统一回复不知道，因为我真的不知道。感情并不是拍电影那样，出一场车祸，又或者两个人经历了一次生死后，就会和好如初，感情立刻就能升温，这是不科学的。

很多找我咨询的读者，都会带有一种期待，就是希望我教一个万能的办法，只要感情出问题了，一用这个办法，两个人的矛盾立刻就消失。我还听说过一位来访者跟我说，她的咨询师教她装病来挽回男朋友，这真的不是电视剧看多了吗？

我研究过很多咨询师的文案，比如快速挽回、快速吸引等口号，基本都是在利用速成、快速等高效率词汇，缓解来访者的焦急心情。给来访者营造一种只要跟我咨询，就会马上好起来的错觉。

我可以非常明确地告诉大家，不存在这种一用就能让关系好起来的办法。让关系好起来的过程一定是：你一次又一次做好每一件小事，不断去颠覆伴侣对你的消极旧印象。

一定要尊重客观事实，客观事实就是，情感发展的规律是线性且缓慢的，无论是变好还是变坏。就拿感情破裂这件事来说，从爱到不爱，是一件又一件小事积累而成的。你的感情变坏，不是一夜之间变坏的，也许只是你一夜之间发现了而已。不是突然不爱你，而是你突然发现了对方不爱你而已。

从爱到不爱，中间一定有很多次的失望，很多次的驴唇不对马嘴，很多次不被理解，很多次误会造成的。就像蛀牙不是一天就烂的，一定是你养成了不好的习惯，比如睡前不刷牙等。长时间积累下来，牙齿就被腐蚀了。牙齿不痛的时候，你是意识不到自己的牙齿正在腐烂的。可是等你感觉到痛的时候，已经腐蚀到根部了。

同样地，你要想修复变坏的感情，也没有速成大法，只能一点点修补回来。

从不爱到爱，也需要用一件又一件小事积累而成。

举个例子，一个男生因为性格自卑，跟对象相处过程中唯唯诺诺，思前想后，小心翼翼。而女生也无法从他唯唯诺诺的状态中感受到男性魅力。比如，当女生表达出某家店的东西真难吃的时候，男朋友会因此不断道歉，可是明明店铺是女生选的。又比如当男朋友迟到的时候，因为内疚而不断讨好女生，可女生也不是很介意这件事。

类似这样的小事情积累多了，女生就逐渐感受不到男生的魅力，对男生的印象也倾向于这是一个软弱的男生。消极印象一旦形成，喜欢的感觉就会慢慢被替代，矛盾和问题则会越来

越多。

可问题是,这个男生想修复感情,是一朝一夕能完成的吗?且不说从自卑到自信的调整过程需要多久,哪怕他真的在一夜之间变得自信了,停止了自卑内耗的状态,那他女朋友就会被重新吸引了吗?

比如你打了孩子一巴掌,给他的心灵造成了伤害,难道说只要你不打了,就能弥补打了他所造成的伤害吗?对孩子而言,凭什么只要你停止伤害他,他就要原谅你?你除了不能打以外,还要给孩子道歉,还要哄回他。同样地,即使这个男生立刻变得自信了,女朋友也不会马上被重新吸引回来。

因为他女朋友对他的印象依然是软弱自卑的,他需要花时间用自信的自己和女朋友重新接触。然后在日常相处的小细节中,表现出自信从容的状态,才能慢慢扭转女朋友对自己自卑的印象。

所以,并不是你变好了,对方就会立刻重新爱上你,也不是因为你某件事做得不好,对方就会立刻不喜欢你。

感情并不是一天变坏的,更不可能一天就变好。

## 二次吸引不是解决方案

我发现很多有感情修复需求的读者,特别是想挽回的朋友,存在一个误区,觉得只要提升了吸引力,重新吸引对方,你们就

会重归于好。有的人特别痴迷这种办法，什么二次吸引啦，好好发个朋友圈就能修复感情啦。其实这是错的，吸引力在修复感情的过程中，作用微乎其微。修复感情这种问题，根本不是你发几个朋友圈这么简单的事情。

能想到用"提升吸引力"这个办法去修复感情的人，要么是在回避真正的问题，要么压根儿没意识到为什么会分手。

两个人的感情出了问题，甚至是分开了，那么一定是你们两个人相处起来觉得不舒服了。你们相处起来舒舒服服的话，又怎么会分开呢？

而不舒服的原因有很多：相处模式不对，你喜欢宅，对方喜欢出去玩，并且你们都特别喜欢对方的陪伴；沟通模式不对，你喜欢有话直说，对方一出事就喜欢躲起来独自疗伤，两个人缺乏沟通的桥梁；认知观念差异太大，你喜欢看书，对方喜欢打游戏，你们还互相看不起对方的爱好。再多的原因我就不一一列举了。

假如因为相处模式出了问题，你去提升吸引力，有用吗？

的确可以短暂吸引到对方，然后重新在一起。但这顶多算是一个假复合。因为导致你们分开的核心矛盾，没有处理掉。就算你们又重新在一起了，核心矛盾依然存在，你们还是会不舒服。这时候去提升吸引力有什么用呢，你们又不是因为吸引力下降了才有矛盾。

分享一个读者案例。小红（化名）和小李（化名）在一起两年。小红是设计师，情感细腻；小李是工程师，理性思维很强。

两年间，每个月至少会吵两次架。吵架的原因是，每次小红不开心的时候，小李就躲起来，小红怎么问他、怎么沟通都没用，就是躲着。任由小红一个人哭，哭一晚上不睡觉，小李也不会去哄对方。

小李这种冷暴力的回应方式，让两个人之间的大量问题都得不到解决，不仅得不到解决，还在不断累积小红的负面情绪。小红实在受不了，就来找我，问我要怎么处理这个问题？

假如你是小红，你找了一位咨询师，说了你们之间的感情问题，然后咨询师跟你说，你这是吸引力不够，小李对你腻了，开始敷衍了，你得去提升吸引力，二次吸引回小李，然后开始教你怎么打扮自己，教你怎么发朋友圈，你觉得这个咨询师是在帮你吗？

并不是，这反而是在害你，因为这个咨询师定位问题错了。小红和小李的核心问题不是吸引力的问题，而是冷暴力的问题。冷暴力背后更核心的问题是：小李的沟通模式和小红的沟通模式强烈不匹配。什么叫匹配？我喜欢有话直说，你也喜欢有话直说，那么我们的沟通模式就很匹配，如果我喜欢有话直说，你喜欢想清楚再说，那么我们的沟通模式就不匹配，我因为喜欢有话直说，看到你还在自己一个人想问题的时候，我就会干着急，而你看到我急了只会好奇我为什么那么急。

最后小李和小红的问题是怎么解决的呢？我定位到的问题是：小李成长于一个严苛的家庭，每次他提意见的时候，爸妈都会当他是小孩子，然后否定他。这导致他也不敢在亲密关系中直

接发言，所以小李特别害怕即时沟通。什么是即时沟通，就是面对面说话，我说话，你就得回复。即时沟通会让小李有必须回应的压力，但小李又害怕回应，于是最后解决方法就是，把即时沟通改成延时沟通，也就是我让小红尝试用写邮件的方式跟小李表达自己的想法。

有趣的是，用了写邮件的方式，小李反而说了一大堆心里话。小红看了之后，才意识到背后有很多事情是自己不理解的。于是他们两个人就通过写邮件这种方式，一来一回地沟通了半个月。后来还是小李自己觉得写邮件太慢了，于是直接找小红面对面聊了。

为什么会这样呢？因为写邮件这种延时沟通对小李来说，第一，毫无压力；第二，不用马上回应，有足够的时间思考；第三，避免直面小红的情绪。后来慢慢地，小李适应了写邮件的方式后，就知道原来跟小红沟通，并不是一件很可怕的事情，于是自己心里就没那么怕了，也敞开心扉去沟通了。到此，他们的冷暴力问题得到了解决。

如果一直用吸引的方式去解决冷暴力问题，有用吗？能挖掘到小李背后的真实感受吗？真实感受不知道，也就不可能用写邮件的方式来解决冷暴力的问题了。

我们要如何正确理解二次吸引？它是润滑剂，让整个过程更加和谐，但不是关键。可以有，但不强求，没有也不怕。很多感情是你们本身有基础吸引力，否则不会在一起，花大量的时间去做二次吸引是多此一举。

### 论监督的重要性

我有一个读者逻辑思维能力不错,她每次跟男朋友吵架,最后都能沟通清楚。比如干家务,大家的任务都分配好了,双方也认可,可沟通得再好也没用,过几天两个人又打回原形了。该吵架还是吵架,而且还是因为同样的问题吵架,甚至两个人都开始怀疑,明明沟通得好好的,为什么就是有问题呢?是不是性格不合?

其实这个坑很多人都踩过,那就是只有方案,没有监督。沟通出了一个解决方案,只是第二步,执行方案的过程,也是充满困难和烦恼的。就比如做家务这件事,并不是沟通完了之后就行,具体的执行过程中,需要挑战两个人的配合度和惰性。

就像你要去做一个项目,做项目之前,得弄一份计划书。计划书有了,执行方案也有了,等到你真正开始执行,开工了之后会发现执行的过程中,还是会有一堆乱七八糟的事情来烦你。

然而在亲密关系中,很多人以为沟通完问题本身就行了,然后问题就会自动好起来。不会的,问题不会自己消失。这里面的步骤有很多,你得定位好问题,定位好了之后得想解决方案,想了解决方案之后,还得具体执行,执行过程中,有些事情能做,有些事情做不到,就得调整、改变。但很多人到解决方案这一步就松懈了,一松懈问题就会卷土重来。

所以协商出一个双方都能接受的方案,不算是完成任务,万里长征才刚刚开始。虽然你们达成共识了,但是做到位需要日常监督。监督的目的不是为了控制,而是防止方案流产,最终不了了之。

那么,具体如何监督呢?

**第一点,定期回顾。**

比如你们是异地恋,因为聊天时间不够的问题而吵架,最后通过沟通都觉得,每天固定一个时间点进行语音通话这个解决方案不错。到这一步为止都没问题,但是需要加入一个环节,就是定期回顾执行的效果。

定每周一次回顾是不错的选择,每周日,两个人就坐下来好好回顾一下,回顾什么呢?

1. 执行结果怎么样。比如一周7天,每天都固定语音通话的天数是多少?

2. 给对方打分。双方各自描述一下,执行了7天后的感受,然后进行满意度打分,具体的分值可以自己设定,比如满分10分,5分及格。

3. 下一步怎么办?这是很关键的一点,方案不了了之很多原因是双方虽然找到了问题,但是没有下一步,不知道接下来要干什么。因为一定要在回顾结束前,得出下一步要干什么的结论。可以是:保持原来的执行步骤、更改沟通时间点、更改沟通频次等。

**第二点,奖罚分明。**

解决方案就像一个具体的规则,有规则的出现,就会有违反规则的出现。所以对于执行的结果,回顾结束后,对于打分结果

进行奖罚。如果结果是双方都很满意，那么就奖励彼此。如果结果是双方都不满意，除了要确定下一步怎么办之外，还得有个小小的惩罚，比如下楼跑步两公里、做十个俯卧撑、吃一天素等。

很多时候，虽然两个人沟通后达成共识，但是最后反而不了了之，就是因为缺少了这个环节，特别是在对方做不到的时候，没有任何反应。这就是在给对方传递一个信息："我做不到，也不会有任何损失。"这样跟告诉一个小偷"偷东西不犯法"有什么区别呢？这也是为什么要搭配奖惩的原因。

### 如何提升感情修复力

再亲密的人，只要相处时间足够长，也会有合不来的时刻。因为你们本来就是生活在不同背景，被不同长辈教育长大的人。只要两个人有关系，那么有矛盾是必然的结果。有的人夫妻感情和谐并不是因为没有矛盾，而是在处理矛盾上更成熟。

从这里能够引申出一个点，就是维系亲密关系的关键在于，你们在处理矛盾时，感情修复能力如何？

关于如何提升个人的感情修复能力，我分享三个习惯，只要坚持做，你的感情修复能力会有明显的改善。

第一，多认识人，多跟他人主动建立关系。

这里的主动建立是指，不单纯靠合不合眼去认识他人，哪怕有点讨厌对方，也可以尝试建立关系。无论是朋友关系还是同事

关系都行，你认识的人越多，你建立的关系就越多。

这么做的目的是什么呢？因为关系多了，分歧自然也会多。矛盾也会源源不断地出现。然后你就会发现，一千个读者眼里有一千个哈姆雷特，一百个人里也有一百种解决矛盾的方式。

当你见识过足够多解决矛盾的方式时，你就会产生一个观念，原来这个世界上并不是只有我这种处理矛盾的方式，还会有很多其他的处理方式。当你看得足够多了，你会更加包容伴侣跟你的差异。

如果你没有接触过太多人，你的圈子、你的家庭，都是以跟你差不多的方式去处理矛盾，那么当你突然遇到了你的伴侣后，发现对方处理矛盾的方式跟自己不同，这个时候对方就像一个异类一样，你就会开始要求对方改变，融入你的生活。

这便是大多数人吵架不断，遇到一丁点小矛盾就会闹分手的根源。你压根儿意识不到这个世界上还有人处理矛盾的方式跟你是不一样的。

第二，写一本关于自己的回忆录，并且把以后人生中的重大经历都尝试记录下来。一件事只要让你惦记超过两天了，就写下来。

需要注意的是，记录过程只写客观事实和感受，不写任何的总结和评价。

为什么要写这个回忆录呢？这是你认知自己的过程。

你在写内容的同时，也是在重新梳理自己，这有助于你更加了解自己的行为模式。并且这也是在训练自己客观分析事情的能

力。很多人在发生矛盾的时候，并不具备客观分析现状的能力。比如人家回避跟你沟通，到底是回避你这个人本身，还是在回避你的沟通方式？很多人并没有很精准地分辨出来。

第三，写情绪日记。

有句话叫"当局者迷，旁观者清"。很多人在开导别人感情生活的时候头头是道，但是到了自己身上就自废武功了。

这是因为开导别人的时候你是旁观者，而当自己进入感情的时候，就成了当局者，自然就迷了。而情绪日记的作用就是让你从当局者的身份，转变成旁观者的身份，从而可以更加客观地观察自己的感情。

情绪日记具体怎么写呢？

很简单，当你在某个瞬间有情绪了，无论是积极情绪也好，消极情绪也好，将它们按照以下格式记录下来：

时间和地点；
是什么触发这个想法的；
我想了些什么；
我有什么感受；
我想做什么；
我做了什么；
结果怎样。

用我自己某些瞬间的情绪日记做个例子：

时间和地点：下午 3 点，电脑桌边；

是什么触发这个想法的：找不到写文章的选题；

我想了些什么：糟糕，今天的文章写不出来了，而且晚上还要做咨询，来不及了；

我有什么感受：焦虑，急躁，坐立不安。

我想做什么：放弃，今天不更新了。

我做了什么：继续维持找选题的工作。

结果怎样：终于想到了一个不错的选题，并且完成了大纲。

就这么简单记录即可。你想象一下，当你的笔记本中记录足够多这样的碎片时刻，再重新看的时候，你会有什么感觉？比如我看自己这一条的时候，就总结了一个道理，选题选不出来的时候，再坚持一下看看。当我再次遇到选题选不出来的时候，我也可以很有经验地应付了。

现在情绪日记的记录方式，已经成为我大脑中自动化思维的一部分。当遇到一些让我触动的瞬间，我可以很快就抽离出来客观看待当下。

## 第四章

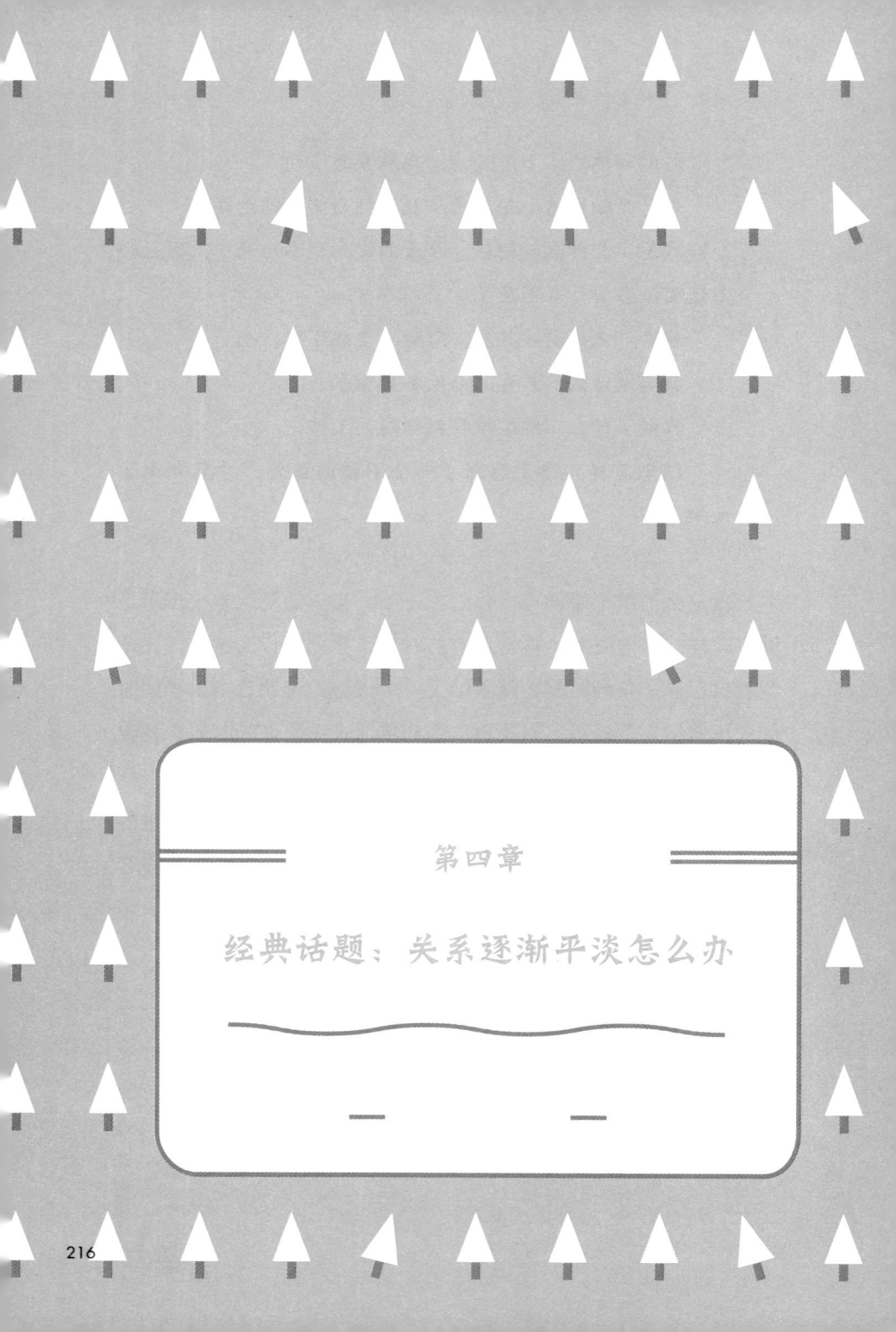

## 经典话题：关系逐渐平淡怎么办

### 新鲜感真是最不新鲜的东西了

和一个人在一起久了之后，相信大家都体验过一种感觉，就是眼前这个人已经无法再让你产生任何心动的感觉，牵着对方的手，就像是摸着自己的手一样。

很多人会觉得，这是因为眼前这个人变了，变得不再爱自己了，没有一开始那么上心了。其实这个问题不应该聚焦到男女双方谁变心这个角度上。因为感情会变淡，是一个生理上会必然发生的问题。即使梁山伯和祝英台最终能过上美好的神仙眷侣日子，也要面对感情变淡的问题。

其实一般意义上的爱情的感觉，不过是大脑中的一系列化学反应，参与反应的化学物质有多巴胺、苯乙胺和催产素。但时间长了，即使是最容易对异性产生激动情绪的人，也会对这三种化学物质产生抗性，两年左右，它们的作用便失效了。超过这段时间后，无非就是两个结局：第一，分手换人；第二，接受平淡。这时候你们大脑内这三种化学物质无论如何刺激，都难以让你产生爱情的感觉。

但是,一旦有第三者介入你们之间任何一方,这三种化学物质会被再次激活,然后让人产生爱情的感觉。不过同样地,与第三者的化学反应,也不会持续太长的时间。为什么会这样呢?这里涉及一个概念,叫感觉适应,就是当你长时间接触同一类型刺激的反馈后,你对这个类型刺激的反馈会越来越不敏感。

举个例子,当你要睡觉的时候,在关灯的那一刻,你会觉得房间一片漆黑,什么也看不到。但是只要过了几分钟后,虽然还是很黑,但是房间内的一切你至少可以看到一个大概了。洗澡的时候,一开始你即使调一个比较温和的温度,也会觉得有点儿烫,但是洗了一阵子之后,你不仅觉得不烫了,反而还觉得不够烫,想要调高一点温度。

感情中也一样,刚开始认识的时候,日常闲聊都能让你心跳加速。聊了不到一个月,虽然还是聊日常,但是已经索然无味了。再往后你就会觉得,爱情的感觉消失了。表面上,你觉得这是没感觉了,实际上,是你已经适应这种强度的情绪体验了。

这也是为什么我要强调,不要一直线上聊个没完。一定要见面,不然新鲜感消退了,这个接触的窗口期就过去了。

**永远保留 30%**

很多人在确定关系几个月后,就开始觉得感情变淡了。有些

人甚至会怀疑，是不是爱已经消失了，好像没什么激情了。

开始时，一天就能产生平时一个礼拜的聊天量，一晚上就能聊一个月的通话量。可是一段时间后，一个礼拜也聊不了之前一天的量了。开始时，同样的话题，也能乐此不疲地聊出新奇的点。到了后来，每次分享过去的东西，都石沉大海，统统得不到回应了。开始时，两个人整天想黏在一起，总想时刻知道对方的动态。到了后来，你天天汇报也不见得对方对你的动态感兴趣。

对于这种情况，人们通常说是没有新鲜感了。这个说法也没错，但是我想给你提供一个新的思考角度。你有没有想过，为什么和知识面很广的人聊天，会觉得酣畅淋漓；和知识匮乏的人聊天，就会觉得索然无味。

其实，人类天生就有去拓展一些新的认知、知识、资源的欲望，并且在得到满足后，有愉悦的感觉。比如，如果你从我的书中学习到了新东西，你就会感觉有收获感，想看更多。这个表现，心理学家称之为"自我延伸模型"，当运用到亲密关系中，指的是能扩展我们的兴趣、技能和经验的伴侣关系就能吸引我们。

比如你刚好认识一个人，他的思想境界、知识丰富程度、人生阅历都远超于你，并且对方拥有的这一切，恰好又是你缺少且十分感兴趣的东西，你就被这个人吸引了。

我有个朋友，他是小镇青年，天天在家就是上班、下班、做饭、看电视，生活很平淡。一次偶然的朋友聚会，他认识了一位在深圳互联网公司上班的同乡女生。这个女生的经历对他而言，有着致命的吸引力。特别当他知道自己日常在用一款的 App 是女生所在公司开发的时候,他看这个女生的眼神里都有光。

看到这里,相信你已经对新鲜感消退的原因知道点什么,但是又不全面了。通过这个模型,我们可以解释新鲜感,为什么在开始阶段会有着致命的吸引力,而随着时间的推移,越来越淡。

因为刚刚建立亲密关系的两个人,都在通过对方拓展自己的认知边界,所以会觉得很愉悦、很开心。但是随着时间的推移,你们之间可以相互拓展的内容越来越少,新鲜感就越来越少了。为什么小时候总是很容易快乐,因为小时候的我们,对身边的事物都充满新鲜感,呼啸而过的汽车、摇摇欲坠的树枝、大人们的欢声笑语,无一不在疯狂地拓展我们对世界理解的边界。但是随着时间的推移,我们长大后,就失去了拿着树枝当剑比画的乐趣。

另外,亲密关系还可以拓宽我们对自我认知的边界。有人专门做过一个调查,发现谈恋爱的人,比在谈恋爱之前,对于自己的形容词可以写得更丰富。相当于说,经过亲密关系的滋润,拓宽了你对自我认知的边界。

比如我恋爱之前,并不清楚自己是属于通过独处思考来获得能量的,后来和女朋友在一起后,通过她的表现来反观我自己,才知道原来我是内向型的人,我女朋友属于外向型的人。我们之间最大的区别是,我是通过独处思考来获得能量,她则是通过社交接触外部环境来获得能量。这就是亲密关系让我们更加了解自己。

到了这里,你也知道新鲜感消退的原因了。那么,怎么应对这种情况呢?

就是**永远保留 30%**。

之前看过一位心理学教授分享自己婚姻的相处之道,他维持婚姻和家庭的心得,就是即使结婚有孩子了,也不要对另一半 100% 全部展露,永远留下 30% 的自己。保留自己的实力,始终拥有一些他人不知晓的能力和魅力。

想象自己是一个水杯,而对方是一个口渴的人。你的杯子里要永远保留 30% 的水,不要让对方一下子就喝光了。否则一个没有水的杯子,对于一个口渴的人而言,毫无意义。你得一点点让他喝,然后又一点点地去补充你的水,让它始终维持在 30% 的水平线上。

保留 30%,别人就总能看到他们意想不到的你,总能给他人新鲜感。这不仅在婚姻和恋爱中,在所有的人际关系中都是很重要的。为了永远有 30% 可以保留,你也会持续学习和丰富自己。

## 像个孩子一样去玩耍吧

有一天下楼扔垃圾的时候,看到有两个小孩子拿着树枝,在模仿剑客比武的样子。他们比画个不停,我可以清晰看到他们脸上那种笑容,是真的开心,开心到他们那种兴奋的情绪传染给了我。

所以，面对很多情侣都会问的问题"恋爱久了，没有新鲜感了怎么办"时，我的回答是：其实并不是"你们"没有了新鲜感，而是"你"没有了新鲜感。而解决这个问题的办法特别简单，甚至你们都做过，就是去玩。

回想一下，小时候还没读书那会儿，每天都充满新鲜感：弹玻璃珠、掏鸟窝、抓鱼、废弃工厂冒险、捉迷藏。多么幼稚的事情，但就是如此无聊的事情，让你每天充满动力，一睁眼就想着，今天该跟小伙伴们去河边抓鱼还是去树林里面掏鸟窝呢？

我在小时候，有一次"不小心"用小鞭炮把人家的菜地给炸烂了，被人家追了几条街。逃脱后那种劫后余生的感觉，让我至今难忘。在玩的过程中，和小伙伴们的友谊就这么不知不觉地建立起来了。以至于我要搬家，离开我的小伙伴们时，还大哭大闹了一阵子。

其实这种通过玩乐建立关系的模式，并没有消失。参与的活动越新鲜，就越能激起对方的兴趣，两人也就越能从关系中获得幸福感。

有句话我一直很认可：新鲜感是和旧人去体验新事物，而不是和新人去循环旧事物。可是大部分人听完这句话后，感情依然还是没有新鲜感。因为大家都理解错了"体验新事物"这件事，以为体验新事物就是两个人一起去做一些没有做过的事情。但是在体验的过程中，你会发现不但没有建立起新鲜感，还吵架了。知道为什么吗？因为不是每个人都喜欢"新事物"。有的人喜欢爬山，有的人喜欢插花，如果非要强迫另一半去和你体验对方根本不喜欢的新事物，那么最终肯定是以吵架收尾。正确的新事物打开方式应该是玩乐，跟小时候的玩乐一样，和你的伴侣去玩。玩乐可以让你们的亲密关系保持新鲜感。

玩不是一种刻意而为的事情，而是一种随心所欲的行为。前者就像是为了建立新鲜感，而专门去买了玻璃球来玩；后者就像是你们突然看到地上有一些玻璃球，然后会心一笑，捡起来玩耍。玩是不带有目的性的。

那么，怎么去好好地玩呢？

前面我说了，一旦你们两个人适应了某种强度的情绪体验，大脑的化学反应就会停止。如果要让爱情的化学反应再次激烈起来，就需要有更强的情绪体验介入。如何产生更强的情绪体验呢？答案是超预期行为。

分享四个超预期行为思路。

第一，多体验第一次。去做你们两个人从来没有做过的事情，多增加你们两个人之间的第一次共同经历，比如第一次去冲浪，第一次去爬雪山，第一次去学游泳。体验第一次，是增加新鲜感非常有效的一种手段。

比如，我在周末的时候会跟女朋友一起找一个市集去摆摊，赚钱的同时也能体验一把当老板的滋味，这样的体验就很新鲜特别。

当然，前提最好是你们俩都不排斥的新事物，而且不要太有功利性，不然会适得其反。

第二，反常规流程。常规流程就是你们双方的生活轨迹，每

天几乎都是一模一样的，上班、吃饭、下班、休息、睡觉。在这个常规流程中，去增加或者替换和减少一些环节，不要总是按部就班。

大部分久处不厌的人，本质上都是在提供未知预期，就是你根本不知道对方会"折腾"出什么新鲜的东西。但是这里大家需要注意的是，我们要提供的是有安全感的未知预期。

对人类而言，未知等于恐惧，但是有安全感的未知就等于新鲜感。看恐怖片、看灾难片，就是在体验一种有安全感的未知预期。虽然很恐怖，但是现实中，你还是安安全全地坐在家里，不会真的有一个怪物突然出现在你后面，世界末日也不会真的降临。这就是通过非常安全的方式来体验极致的情绪。

第三，去做一些情侣不会做的事情。这个点的主要作用是制造角色反差感，有反差感，就有了新鲜感。

比如男生之间才会去做的事情，也可以尝试跟对象去做。和你的男朋友去网吧一起玩游戏，跟你老公去户外钓鱼、越野等。

再比如女生之间才会去做的事情，也可以拉对象一起尝试，跟你的女朋友一起做指甲，请注意，是一起做指甲，而不是陪她做指甲，就是你也得参与进来。如果担心做了指甲会影响工作的话，涂一层透明的指甲油就好了。

第四，角色扮演。你们可以一起去公交站，坐同一辆公交车，然后假装偶遇，搭讪，加微信；可以扮演按摩技师，帮你的对象按摩；也可以让你对象假装托尼老师，来帮你吹头发；还可以学习对方家里的方言，模仿对方说话。

两个人在关系中，如果不通过玩乐、冒险来保持新鲜感，那么你们的感情就像一潭死水，压抑又无趣。这种空洞的气氛会让每个人都想逃离。

当我们可以"游戏"人生，我们就能从严肃的地方发现可笑之处，从无聊中找到激情。

# 第五部分

## 成年后，我重塑了关于爱的理念

## 第一章

爱情不应该是你生活的全部

### 你每天花多少时间爱一个人

我们先来思考一个问题,在感情当中,你目前投入的注意力是多少?

你可以这样计算:一天24小时,除去睡觉的8小时,其余16小时中,你有多少时间是分配给你的伴侣的。

这里要注意的是,即使你们没有在一起,但是你依然在想对方,或者在思考关于关系的问题,也算把时间分配给对方了。因为你的注意力依然集中在对方身上。比如,你洗澡花了半小时,但是你在这半小时中依然想着对方,那么这半小时就属于你分配给对方的时间。

现在回想一下,每天的时间占比中,你对感情投入的精力是多少?如果已经超过50%,意味着你每天会花一半的时间在对方身上。

但感情并不是你投入得越多,对方就会越爱你。恰恰相反,你投入得越多,就会越爱对方,因为你的沉没成本越来越高。

讽刺的是，你投入得越多，你的回报期望就会越高。你的期望越高，你索取起来就会越可怕。就像你对一个人好，给他送早餐、为他买药，你就会期望他感激你、爱上你。但现实是，一个人不会因为你给他买早餐就爱上你。可是在你的预期里，你认为对他好，他也会反过来对你好。你的高期望，给你带来高反差，然后你就会难过、痛苦。

我有一个学员就是这样。起初是男生追的她，她并没有很在意，每天就花一到两小时逗逗他、和他吃顿饭，其他时间去逛街、跟闺密聚会。她整个人表现得很独立、很阳光，那个男生也觉得她特别有神秘感，欲罢不能，追得也就更加卖力。

她被这个男生的毅力感动，答应和他在一起。当她成了这个男生的女朋友后，一切都开始变了。她觉得两个人是奔着结婚去的，所以投入了很多时间去经营。她为男生花钱，花很多时间去了解对方，每天晚上睡觉前都要聊天，出门只跟他去玩，闺密也不管了。

到最后，男生终于受不了了，留下一句"感情淡了"，就主动分手了。她觉得莫名其妙，追她的时候说爱，到手了就腻，男人果然没有一个好东西。

其实，细心的读者会发现，谈恋爱前后，我的这位学员最大的变化就是对感情投入的精力变多了。

每个人的时间、精力都是一样的，不会有人一天有 25 小时。当你对感情投入的精力多了之后，在工作或者其他社交上投入的精力必然变少。你投入精力在对方身上，那么你分配给自己的时

间就少了。你变得越来越爱他，却慢慢失去了自己。

精力放在哪里，哪里就会出效果。但是大家似乎把这句话的主体搞错了，主体是你，因为这是你的精力。也就是说，你的精力放在哪里，效果就会在你的身上产生变化，一切都是围绕着你的。

你把精力放在做饭上，那么你的厨艺会越来越好；你把精力放在健身上，那么你的身材会越来越好；而你把精力放在感情上，那么你就会越来越爱对方。出效果的主体是你，而不是你认为的"我在他身上多花时间和精力，他就会越来越爱我"。

一个人爱上你，是因为你是"你"。你越来越好了，对方会越来越爱你。多把时间花在自己身上，多经营自己，投资自己。当你越来越好，你的感情才会越来越好。

## 毁掉关系最好的办法就是疯狂投入

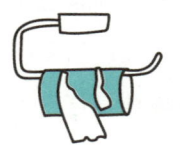

分享一个小故事。

女孩对男孩说，悬崖上那朵花好漂亮。男孩冒着生命危险去把花摘了下来，送给女孩。但是女孩要和他分手，原因是"一个连自己都无法好好去爱的人，用什么来爱我"。

这是一个典型的爱到失去自我的故事。很多人会在感情中爱

对方爱到失去自我。有的读者一谈恋爱，就全身心投入进去，自己的爱好、事业、朋友都不管不顾。一天 24 小时，除了睡觉时间，恨不得一直跟对象待在一起。这其实是不健康的相处模式。为什么我们那么容易在一段感情中失去自我呢？归根到底，感情是一个需求的问题。谁更需要对方，谁就更容易失去自我。也就是你越依赖对方，你就越容易在一段关系中失去自我。

你需要我，我也需要你，彼此相互需要的程度相当，这样的关系是双方都能够很好地保持自我的。那为什么你更容易需要别人呢？可能因为对方条件更好，你更喜欢对方；还可能因为一些过度投入，比如你无条件地对他好，给他买衣服、给他做饭，这些投入越多，你就越渴望回报。当你渴望回报的时候，你就更加需要对方了。

其实判断自己是否爱到失去自我，有一个标准可以参考：我的生活从此以后多了你，这样就还没失去自我，因为你的生活里面，主体还是你自己；我的生活从此以后都是你，这样就是失去自我了，因为你的生活里面，主体都是别人，没了自己。

这不是在指责对方不够爱你，也不是在歌颂你很爱对方，而是要让你明白主次的问题。你再喜欢一个人，这个主次里面的"主"也得是你。

我有个朋友，她有一个追了她三年的大学同学，甚至为了她主动到她所在的城市发展。她问我："我要不要答应和他在一起试试看？"从朋友角度来说，我是不太建议在一起的。愿意坚持三年持续不断地追求一个人，支撑他坚持下去的动机，已经不是

单纯的喜欢了。仅仅靠喜欢是很难持续这么久的,这更多的是一种投入过多后期望回报的动力。一旦真的在一起了,他这三年的付出,是要得到回报的。在这样的前提之下开启一段感情,就不健康了。

如何避免自己过多失去自我呢?关键在于,避免自己的不合理投入。你投入得越多,在关系中就越渴望回报,需求就越大,依赖程度也同样更强。在得不到对等回报的时候,你就会变成一个索取回报的工具,彻底失去自我。

什么是不合理投入呢?不计回报的投入。比如,你觉得对方很可怜,你要好好对他,为他做了很多事,不求回报,只为满足自己的保护欲。这里的意思不是不让你对自己的伴侣好,而是大部分人很难真正意义上做到无条件付出。大多数自认为的无条件付出,都会在心里默默地计算着回报。

所以,为了避免这种依赖失衡的情况出现,当你投入的时候,不妨现实一些,去追求一点回报。不一定非要对等的回报,至少不要相差太远。比如,你默默地为对方买了一个星期的早餐,为了避免心态失衡,你可以找机会让对方请你吃一顿饭。但是需要注意,千万不要为了有借口让对方请你吃饭,而故意给他买一个星期的早餐。这样的话就是控制了。再比如,有一个人追你,天天给你送水果吃,这个时候你不妨给他也点个宵夜,这样也可以避免对方在后续的相处中爱你爱到失去自我。

你要认真生活,然后抽空爱别人;而不是认真爱别人,抽空生活。

## 不要卑微到尘埃里

相信大家都不喜欢在感情中太被动、卑微。对方总是对你忽冷忽热，信息回复很慢，甚至有时不回，连一句解释都没有；对方从来不会向你汇报行踪，也从来不会花心思讨你开心、送你礼物……为什么你只能做感情里每天等待对方"临幸"的人呢？

其实这一切的根源在于关系中到底是谁掌握着更多的主动权。你可能会想，为什么感情要搞得那么复杂，简单点不好吗？其实无论是亲密关系也好，普通关系也好，只要有人的地方，就会有权力斗争。只要是人，基本都会十分痴迷于在关系中去追求"到底谁说了算"这件事。而你在关系中的主动权越多，"你说了算"的权力就越大。那关系中的主动权，又受什么因素影响呢？

一段关系的主动权，取决于对方能够给你的幸福感到底占了你生活中所有幸福感来源的多少。占比越高，你的主动权越低。

比如，你的男朋友所提供的幸福感只占据了你生活全部幸福感的 30%，那么你的主动权就还握在自己手上。假如反过来，你很会提供情绪价值，会夸人，给足对方新鲜感，可以给予你男朋友前所未有的幸福体验，这种幸福体验的强度足以占据他生活中 80% 的幸福感，如果没了你，他的生活就会变得乏味无趣，这时候他就没有主动权了。

你的情绪开关被对方拿捏在手上，你能不被动吗？如果想要提高自己在关系中的主动权，逆转两个人之间的相处地位，我们可以做点什么呢？

你想要提高自己在关系中的主动权，有两个方向可以去努力：第一，提高你生活中其他幸福感的来源；第二，提高你在对方生活中幸福感的来源占比。我逐一展开来讲讲。

第一，提高你生活中其他幸福感的来源。

你先自行检查一下，对方给你提供的幸福感，大概占据了你生活中所有幸福感的多少，预估一下就行。比如，你50%的幸福感来源都是由对方提供的，这时你就要警惕了，因为占比有点高。为了降低占比，你可以额外提升其他幸福感的来源占比。怎么提高呢？分享几个我亲身体会过的经验给大家。

1. 多去接触不同的人。拓宽自己认知边界最好的办法就是让自己走出去，接触圈子以外的人。总停留在自己的圈子里，你会失去更新的机会。

你不一定非要去建立所谓的人脉，就是单纯和不同圈子的人交流一下。比如跟小区门口休息的外卖小哥聊聊人生，跟门卫大叔聊聊日常，都是可以丰富社交经历的体验，也是新鲜感的一种来源。

2. 帮助别人。这个帮助并不是说真的要帮多大的忙，而是将自己拥有的技能分享给有需要的人。特别是当人家有疑问的时候，不要吝啬你的知识，在你力所能及的范围内，提供一定的帮助。

这个行为既可以让你获得自我价值感，也可以给关系带来正向循环。体验过帮助别人的读者，一定能懂我所说的价值感是什么感觉。

**3. 整理东西。** 我们天生就喜欢有序的东西，相比杂乱无章的文字，肯定是整齐的表格让你更加舒适。所以排列组合的过程，我们一般都是很享受的。整理本身就是一个排列组合的过程，同时在整理的过程中，一切都是可控的，这也有利于我们获得掌控感。

以上都是在生活中，不借助亲密关系就能够获得的幸福感。

**第二，提高你在对方生活中幸福感来源的占比。**

虽然对方喜欢你，你就已经在向他提供幸福感了，但是我们如果想再提高一些，要怎么办呢？可以从两个角度出发。

首先是外在的提高，就是变得更加赏心悦目一些。让自己皮肤更洁净细腻，身材更紧实健康。去找高级的发型师帮你换一个匹配自己头型、脸型、气质的发型。当你自己更好看的时候，对方看到你的每一秒都是幸福的，更重要的是，你自己也会更加开心。能够取悦自己，不也挺好吗？

其次是内在的改变，不妨尝试下用更加柔和的表达方式去沟通。学习一些基本的倾听技巧。如果说有什么技巧是很重要但是又被忽视的，那一定是倾听技巧。正是因为太少人知道它的重要性，所以掌握倾听技巧的人少之又少。你就算只学会了基本的倾听技巧，那也超过了不少人。

以上虽然都不是短期见效的事情，但是你开始做了，就有了努力的方向，总好过一边愤愤不平地抱怨他人，一边又浑浑噩噩地不付出任何努力。而且你做了，最终受益更大的是你自己，就算为了你自己而努力，也是很值得的。

第二章

在爱中，也要终身学习

### "双标"前，先找面镜子照照自己

有一天，我刚回家就看到了女朋友躺在沙发上玩手机。我大脑的第一反应是：她怎么这么懒，又在玩手机。另一天晚上，我做完了咨询觉得好累，就躺在沙发上，开始玩手机。我当时第一反应是：今天写了文章，做了好几个咨询，好累，刷下视频娱乐放松一下。

有没有觉得，我好"双标"？

我发现很多情侣也是这样。有一位来访者，她的男朋友总是介意她跟异性接触，说她不检点，只是因为她下班了和男同事顺路一起坐地铁回家而已。而她男朋友跟客户喝酒应酬的时候，和异性却没有保持距离，还美其名曰要应酬，没办法。

明明都是躺在沙发上玩手机，我觉得女朋友是懒，自己却是工作累了放松一下。来访者的案例也一样，明明都是和异性的边界问题，在我的来访者身上就是不检点，在她的男朋友身上就是身不由己。果然人类的本质，都是"双标"的吗？

有一个社会心理学概念叫"基本归因偏差",指人们倾向于将他人的不当行为归因于对方的内在问题(比如性格不好),而将自己的不当行为归因于外部的特定情境或环境。就是你在遇到问题时,会习惯性将问题归咎为环境等外在问题;而在别人遇到问题时,你会习惯将问题归咎为性格特质等内在问题。例如:我天天打游戏是为了放松,缓解压力;你一天到晚刷剧,就是颓废。同样是打游戏这个行为,到了自己身上,就是因为外部环境而产生的,比如工作太累。而到了别人身上,就成了一种内在性格特质,比如颓废。

我不回消息是因为忙,你不回消息是因为不爱我。同样是不回消息的行为,在自己身上就是工作忙,在对方身上就成了不够爱。如果两个人都出现基本归因偏差,然后再去沟通,双方第一时间都会将矛盾发生的根源归咎于对方的性格内在问题,而认为自己是被逼的,觉得自己没问题,是环境问题。

两个人都抱着"自己是对的,对方是错的"这一想法去沟通,那么吵架就是必然的结果了。因为基本归因偏差会让我们在面对同样一个问题时,始终站在彼此的对立面上。如果不突破这一认知偏差,只会一直吵个不停,无法进行高效沟通。

想要突破这一层障碍,就得给对方一面镜子,让他看到自己是怎么做的,将对方的"双标"行为镜像化之后还给对方。

想象一个场景:男生 A 所在的小组,入职了一个女同事。这个女同事天天找各种理由和借口接近这个男生,和他聊天。男生的女朋友 B 发现不对劲后,出现了以下对话。

B：那个女的怎么天天找你？

A：同事而已。

B：同事有半夜找你的吗？

A：工作而已。

B：什么工作你还回答得笑嘻嘻的？

A：你不相信我吗？

沟通到这里，你会发现，B 跟 A 讲再多道理也没用，A 会觉得 B 在故意找碴儿。之所以会这样，是因为 B 一旦去讲道理，企图说服 A 不要和女同事有过多接触时，就是站在了他的对立面。B 得切换角度，让对方也体验一下自己的对象深夜和异性同事聊天还笑嘻嘻的场景。

B：你想象一下，假如我的小组里也新来一个男生，他天天找各种问题接近我，还深夜找我聊天。而我也乐意和他聊，还笑嘻嘻的，你怎么看呢？

A：像是在挖我的墙脚啊。

B：我们只是同事而已啊！

A：同事之间有什么事不能明天上班说吗？

B：紧急的工作，等不到明天。

A：紧急的工作你还笑嘻嘻的。

B：你不信任我吗？

男生恍然大悟。

## 学点儿"读心术"

以前读大学时，放假结束要回学校了，我妈就喜欢让我带一堆吃的回去，那时候我怕麻烦，就特别嫌弃，不想拿，她坚持让我拿，我就会发脾气。在亲密关系中也这样，我女朋友一指责我不扔垃圾，我就发脾气回怼："你怎么不自己扔，你怎么老盯着我，你让我先休息下不行吗？"

后来我学会一个"读心术"技能，就是去听每一句话背后的期待。这个技能很有意思，我掌握之后，再发生冲突时，我的注意力几乎都转移到了一个问题上："这句话背后有什么期待呢？"

比如我妈非要让我带一堆吃的回学校，不懂这个技能之前，我满脑子想的就是，带这些吃的好麻烦啊。懂得了这个技能后，我开始思考她有什么期待。我开始明白她期待她对我还有价值。这也是一部分老人会面临的心理问题，因为相比于孤独、缺乏陪伴，对他们而言更可怕的是，自己对儿女没有价值了。读懂了她的期待后，以后我妈给我什么吃的我都拿，不仅拿，还主动叫她帮我做。每次她都开开心心帮我做，因为这会让她觉得自己还有价值。有时候可以适当去接受他们的付出，因为这也是他们自我价值感的一种获取方式。

再说说我跟女朋友之间相处的变化。比如，之前她去上班遇

到了烦人的同事，回家后我跟她说话，她就说："烦死了，别跟我说话。"如果是以前，我一听就焦虑了，就会胡思乱想，是不是我又做错什么了，不然她干吗这么生气。但是学会这个技能后，我开始转移注意力去思考一个问题，她说"烦死了，别跟我说话"这句话背后的期待是什么呢？她在期待我给她一个独处、安静的空间来消化一些烦恼。于是我就让她自己一个人待在房间里，我去做饭。做完饭之后，我也不急着叫她吃饭，就让饭菜热着，等她自己出来。大概过了十几分钟后，她自己开门出来了，说肚子好饿。接下来我们就一边吃饭，一边听她"吐槽"她的同事。再后来，我们相处时，只要她情绪不好，并且没有主动要求我做什么，我都让她一个人待着。这个相处方式沿用到现在，依然非常有效。

但是有一个特殊情况，就是她如果在我面前哭了，我的处理方式会不一样。假如是以前，我会对她说"别哭了"，这个时候她会哭得更加激烈。后来学会"读心术"这个技能后，我就开始分析，她哭的背后有什么期待。她能在我面前哭，说明她觉得在我这里是安全的，是能哭的。就像你很少会当众哭泣，你肯定会找到一个没人的地方，觉得安全了，才放声大哭。这说明她期待在我这里尽情地哭，读懂了这层期待后，我就不再对她说别哭了，而是直接抱着她说："我知道你很不开心，很不舒服，哭吧哭吧。"神奇的是，当我让她尽情哭的时候，她反而很快就安静下来了。

再比如，她有时候感冒了不舒服，会跟我说："我病了，好

难受。"以前我也干过让她多喝热水这种事，现在我会分析"我病了，好难受"这句话背后的期待是什么。注意力一旦转移后，这个问题其实特别简单，人病了是虚弱期，虚弱状态需要支持和陪伴。那其实就很简单了，你人在就够了，如果能让对方开心，那就更加完美了。至于喝不喝水，吃不吃药，人家都懂，病的是身体，不是脑子，不会因为病了就退化到儿童智力水平。

看到这里，可能有些读者会有两个顾虑。

第一，担心天天这样很累。不可否认的是，前期刚运用这种思维方式的时候，确实会累。但是适应之后，它就像呼吸一样自然，成了自动化思维的一种，也就不存在累不累的说法了。

而且这样的收益是很大的。因为大多数人更多关注自己的期待有没有被满足，很少有人愿意主动去关注别人的期待。这也是我学会听懂别人背后的期待这一技能后，越来越多朋友喜欢跟我交流的原因。

第二，听懂了期待却还是不想做，那是不是就没意义了。其实并不会，因为听懂期待的目的并不是为了去做点什么，而是为了去理解。就像我跟我妈相处，我听懂她的期待后，开始理解她，于是我就自发地改变了自己的行为。

哪怕你听懂了对方的期待却不想做，只要你表述出来了，对方能感受到自己被理解，这本身就具有治愈效果。

## 受过伤不是你止步不前的理由

有一天,我想剪指甲,但是一直没找到家里的指甲钳,于是我去楼下的便利店重新买了一个指甲钳。回到家后,我准备坐下来剪指甲,突然感觉到屁股被东西硌了一下,翻开沙发一看,这不就是我之前一直在找的指甲钳吗?

看着还没拆封的新指甲钳,我哭笑不得,心中想着,要不拿去退了吧?随后,突然有一股恐惧、回避的感觉冒了出来,我的内心开始发生了一些变化,心想要不就算了,也才十几块钱的东西而已,没必要弄得不愉快。与此同时,我的脑海中已经有了店员拒绝我的画面。

而这个微小的心理变化,刚好被我捕捉到了。我发现自己已经先入为主地给退货这件事假定了一个不愉快的结果。我都还没开始做,就已经在内心有了一个结局。

于是我问自己,为什么我会觉得退货这件事是一件不愉快的事情?我继续追问自己,出现这些感受的时候,有没有回忆起什么事情?以前有没有过类似的经历?

最后,我想起一件事,就是在游乐园玩的时候,我去买水,不小心多拿了一瓶,结账才发现拿多了。游乐园的水比外面的要贵上几倍,我不想浪费不必要的钱,于是就找服务员,想要退款。没想到的是,服务员的态度是"商品出售,概不退款"。我当时就纳闷,水也没开封,为什么不让我退?为此还闹得不愉快,一整天的游玩心情都被破坏了。而在当时,小卖部服务员这个社会角色，在我脑海里就被贴上了一个"不讲道理，唯利是图"的标签。

这个世界分两种：一种是现实世界，它的运转规律是按照客观原则去发展的；还有一种是想象中的世界，它的运转规律是按照我们以往经历所产生的经验去发展的。现实世界是未知的、不可控的，随时都会有随机性事件出现，而想象中的世界是可知可控的，因为这一切都是基于我们的经验来推断的。

我们的大脑更愿意相信自己的经验，这也是为什么我想退掉指甲钳的时候，想到的是店员拒绝退款的嘴脸。因为我有过一次不愉快的经历。而最要命的是，我们总是更愿意记住一些不好的事情，选择忽略掉一些好的事情。这其实也是大脑在保护我们，让我们对坏事有着更加本能的警惕性。

回过头来，当我发现自己已经对退货这件事有了预设性结果之后，我知道，如果放任不管，偏见就会成为一颗种子，开始生根发芽。于是我决定去退货，选择直面这一次的不安，逃避终究是解决不了问题的。

站在便利店柜台前，我将那句在内心演练了无数次的话说了出来："你好，指甲钳用不上了，还没拆封，可以退货吗？"我甚至都想好如何应对店员拒绝退款的话术了。没想到店员笑眯眯地说："当然可以了，麻烦给我检查一下。"我愣了一下，将指甲钳递给她。随后她检查完了，就问我："没问题了，给你现金可以吗？"我笑了笑："不用退款了，我再拿几瓶牛奶好了。"

你发现了吗？很多对他人的偏见，都是由于一次不愉快的经历，导致我们陷入一种"拿着锤子，满世界都是钉子"的状态。在亲密关系中也一样。很多闹矛盾的情侣，都是因为一些不愉快的经历，把给自己造成伤害的那个人的恶意投射到了现在的伴侣身上，最终导致悲剧重演。因为个别女性的拜金言论，导致结婚时男方把女方要求买房子、买车子这一安全感问题，直接上升到了人格问题；因为个别男性恶意使用非法手段来精神控制女性，导致女生对男生产生了"人均海王"的误会。

  这类社会性问题，我既解决不了，也无法阻止它的发生。但我希望我的文字可以让部分人理解，不要将自己的恐惧和对某一部分人的恶意投射给整个世界。停止想象和猜测，直接去实践，得到反馈，你才能看到这个世界真实的样貌，你才能看到身边人的真实面貌，而不是你想象出的一切。